U0111915

大展好書 好書大展

大展好書 好書大展

秘傳占卜系列 3

西洋占星術

淺野八郎／著
劉雪卿　／譯

大展出版社有限公司

『秘傳・占卜系列』發行感言

有人說占卜師是人生的領航員。

在人的一生之中，有時再怎麽樣地努力，也有無法隨心所欲的時候，再如何地希望得到幸福，也可能會遭遇意外的不幸。在現代的社會中，占卜之所以如此地吸引人心，受到衆人的關心，原因即在於此。

可能因為遇到一位出乎意料之外的人，而使自己的一生完全改變，可能偶然中得到幸運，也可能遭遇不幸。能夠回答這種想要預知偶然的人之願望的，即是占卜。

不論是東洋或西洋，兩千年來，占卜一直受到衆人的關心。而預知各種運的「術」，也不斷地在研究中。這兒所介紹的各種占卜，是這些「術」中最值得信賴，也是最讓人感到親切的占卜。

如果本系列能夠發揮領航員的作用，而讀者們能將其當成是創造幸福的指南，則是作者最高的喜悅。

淺野八郎

☆☆☆☆☆☆☆☆☆☆☆☆☆☆☆☆☆☆☆☆☆☆☆☆

正確傳達來自於星星的訊息

★代替前言

抬頭仰望夜空，數百億個無數的星星閃耀生輝。

存在於星星中的太陽、月亮、金星、火星、水星、木星、土星、天王星、冥王星等，大大地影響著我們。學習占星術，就能夠從經驗中知道地球只不過是廣大宇宙的極小部分而已。

占星術是所有的占卜之中，最能夠讓人感受到浪漫世界的一種占卜術。

在占星術十分普及的時代，日常會話中也常以占星術爲話題高談闊論一番，而我們也會因爲「說中」或「說不中」而感到憂喜。

那麼，到底什麼樣的人才能正確了解占星所傳達給我們的訊息的神秘性與力量呢？

各位必須了解的是，所謂占星，是分析大宇宙與人類關連的學問。

宇宙的運行或波動的變化，極端地說，是以秒爲單位，使我們感到微妙的影響。因

☆☆☆☆☆☆☆☆☆☆☆☆☆☆☆☆☆☆☆☆☆☆☆☆

此，熟習占星的話，就能夠了解到人類也是宇宙的一部分。

在我們一生之中所發生的幸與不幸，也能夠以令人驚訝的準確率而得知。星星隨時都會把各種情報傳達給我們知道，因此，我們不要忽略這種訊息，要加以活用。

今後，我們的生活及社會到底會產生什麼樣的轉變，藉著占星能夠加以預知。不過，首先要在自己的日常生活中活用這種占卜術。

希望本書能夠帶領你得到幸福。

目錄

1 西洋占星術正掀起一股神祕的浪潮

2 你不知道的自己的性格

3 妳的戀愛

1 西洋占星術正掀起一股神秘的浪潮……

了解占星術的歷史

人類是從何時開始利用觀察星星來占卜自己的命運與自然現象呢？堪稱是印度文明發祥地的底格里斯河、幼發拉底河流域，是占星（Astrology）的誕生地。

占星在紀元前二五〇〇年左右開始發達，那是在古巴倫帝國的時代。根據研究，發現很多粘土板上的各種占星記錄，例如出生時，如果月亮出現在東邊地平線的那一端，則表示這孩子得以長生。如果出現木星，則表示將來會成爲一名大富翁。

在《聖經》中，也記載與占星有關的事項。例如，耶穌・基督的誕生，在馬太福音第二章中，也曾出現「星星」的敘述。

「以猶太人之王的身份而誕生的人士，會出現在什麼地方呢？在我們的東方，可以看到他的星星，我們去向他禮拜吧！」這是有關東方三博士的傳聞。

另外，在舊的聖經「創世紀第三七章」中，也記載「我做夢了，發現太陽、月亮與十一個星星跪地向我伏拜。」的敘述。

古巴比倫人不論是農作物的播種或收割時，一定要利用占星術。例如當「太陽進入『牡羊座』、『金牛座』的四十天內是播種的時期」，而以收割的時期及各種的慶典儀式，也要依星星的變化來決定。

滿月時視爲「吉」，缺月時一切皆爲「凶」。此外，太陽與木星代表男性，月亮與金星代表女性，這也是從這個時期開始留傳下來的說法。

到了古羅馬帝國時代，許多皇帝將占星納入自己的生活與政治中。例如，暴君尼洛皇帝，不論做什麼事情，都要與占星師商量，如果預言不準，就會處以占卜師死刑。

進入中世紀以後，天主教禁止神秘，因此，占星術一度式微。但是，到了十六世紀文藝復興時期，占星及其他的神秘術都嶄露頭角，爲歐洲的王侯社會所接納，獲得了卡特里努德海迪奇等人的保護，使得占星術再度撥雲見日。諾斯特拉達姆斯即是其中的一名占星師。

到了十九世紀以後，逐漸完成今日的雛形。

來自星星的訊息

占星術認爲「人類依照自己出生日子的宇宙星之位置關係，使其命運與性格受到影響」，而且，因星星的種類之不同，也會對人類產生各種不同的影響。例如，「月亮」會對我們的生活造成重大的影響。月球的引力會引起潮汐的現象，對於人體的規律與心靈，也會造成極大的影響。

法國的心理學家格古朗，曾經就歷史上名人的出生年月日來調查星星對其人的性格與職業所造成的影響。根據這位心理學家的研究，不僅是「太陽」，「月亮」、「火星」、「木星」、「金星」等等的星球，也會大大地影響人類的性格，並且發表研究報告，說明文學家或藝術家其受到星座的影響力甚於運動家與政治家。

但是，出生日期的星座之中，最具意義的還是「太陽」，表現一個人的基本，同時，也是代表其人「個性」、「活力」的星球。隨時表現此人所在意的事情、獨創力、行動力或意志。

我們通常所說的「牡羊座」或「雙子座」，指的是這個人出生時太陽的位置。這表示太陽在一年內繞宇宙一周的道路（黃道），爲了方便起見，以每三十度加以區分，共分爲十二個位置，而給予十二星座之名。也就是說，只要知道出生日，就知道太陽進入哪一個星座。

一般所謂的十二星座，如下所述。

牡羊座（3月21日～4月19日）

金牛座（4月20日～5月20日）

雙子座（5月21日～6月21日）
巨蟹座（6月22日～7月22日）
獅子座（7月23日～8月22日）
處女座（8月23日～9月22日）
天秤座（9月23日～10月23日）
天蠍座（10月24日～11月22日）
射手座（11月23日～12月21日）
山羊座（12月22日～1月19日）
水瓶座（1月20日～2月18日）
雙魚座（2月19日～3月20日）

這個區分會因出生的年份而多少有些不同。根據日本占術協會校訂的「日本占星天文曆」，或英國的「拉法耶爾」的年表等的占星表來確認正確的星座位置，是很重要的。在兩個星座交界的位置出生的人，可視其受到兩種星座的影響，因爲稱爲「卡斯普」的這個交界處，同時具有兩種星座的特徵。

十二星座的分類與相合性

將十二星座再大致區分的話，可分爲兩類，那就是稱爲「男性星座」與「女性星座」這兩類。

●男性星座＝外向的性格

牡羊座（Aries）
雙子座（Gemini）
獅子座（Leo）
天秤座（Libra）
射手座（Sagittarius）
水瓶座（Aquarius）

●女性星座＝內向的性格

金牛座（Taurus）
巨蟹座（Cancer）

處女座（Virgo）

天蠍座（Scorpio）

山羊座（Capricorn）

雙魚座（Pisces）

此外，古人將人類以「火」、「地」、「風」、「水」這四種來加以區分，十二星座中也包含這四大要素。

●「火」的要素——如「火」般燃燒的性格。熱情富有行動力與冒險心。牡羊座、獅子座、射手座。

●「地」的要素——像「大地」一樣，非常穩固，樸實卻具有建設性的性格，非常的平靜。金牛座、處女座、山羊座。

●「風」的要素——如「風、草木」一般，容易搖動、變化劇烈。具有能夠快樂地與人交往之性格。雙子座、天秤座、水瓶座。

●「水」的要素——如「水」一般的寧靜、安詳，具有柔軟、溫和的性格。感情脆弱。巨蟹座、天蠍座、雙魚座。

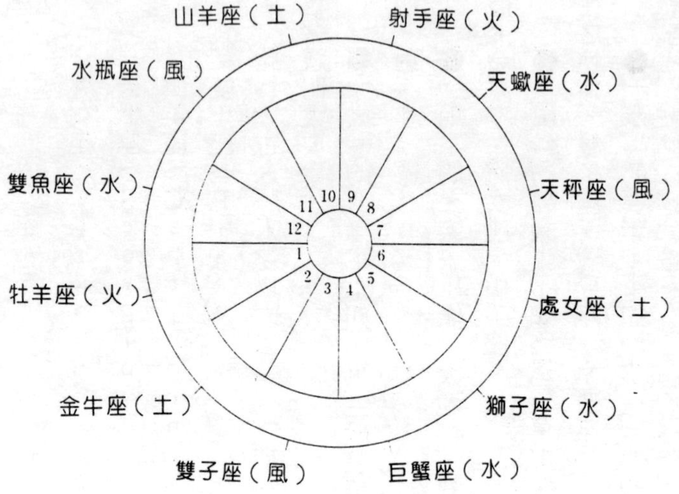

將此十二等分塡於圓中（上圖）。

這個圖表稱爲天宮圖，在占卜相合性時十分便利。

一二〇度的關係

首先，具有同樣要素的星座之人，適合性較佳。例如水瓶座的人，與同樣具有「風」的要素之雙子座或天秤座，具有較高的相合性。只要看表，各位即可了解。這三個星座，都距離一二〇度，可以說是最調合的角度。星與星之間距離一二〇度，能夠互相鼓勵，增強運道。

四個要素能夠互相組合，爲能夠互補的要素。

六十度的關係

例如，「火」需要「風」，因此，「火」與

「風」是互助的要素。而「水」與「地」，同樣的，也是互助的要素，因爲「地」需要「水」，而「地」能夠儲存「水」，所以，雙方是互助的要素。「風」的水瓶座和「火」的牡羊座、獅子座、射手座，都很合適。

距離六十度的相互位置（決定人類命運的星座相互間的位置），會成爲具有正面效果的星。六十度角度的星，就稱爲六十度星。

一八十度的關係

六十度星的相互位置中，像獅子座正好處於水瓶座正對面的位置。這時，由於是完全相反的位置，因此，能夠給予正面的影響；但是也可能會給予負面的影響。以男女的相合性而言，是很好的位置，但是，也可能會產生極端吉與凶的角度。一八〇度的相互位置，稱爲「對抗位置」，受到重視。

九十度的關係

那麼，相合性不佳的星座，情況又如何呢？

例如，與「水」的性質完全不同的要素爲何呢？首先，我們想到的，應該是「火」吧？「水」會澆熄「火」。而「火」愈強的話，會使「水」蒸發消失。因此，「火」與「水」是屬於不良的相合性。具有「水」的要素之巨蟹座的人，與具有火要素的牡羊座、獅子座、射手座的人適合性不佳。

從巨蟹座到牡羊座爲止，正好距離九十度。像這種距離九十度，稱爲「直角」。在占星時，認爲這是最凶的角度。也就是說相合性不佳的星座，雙方距離九十度。因此，九十度爲人所厭惡。

兩者的性格完全不同，互相對立、互相抵觸。因此，占星會占卜與你出生日的星座距離九十度的星座，調查到底會發生什麼不好的事情。

三十度、一五〇度的關係

此外，距離自己星座三十度的，稱爲半六十度星座；距離一五〇度的，稱爲一五〇度星座，都是相鄰或具有同樣要素的星座。這些星座如果關係良好，能夠產生良好的友情，雙方能夠互相彌補對方的不足，相合性極佳。但是，如果不努力去了解對方，也會產生不良的相合性。

何謂十二星座的象徵

占星的十二星座，各自具有象徵的標誌。原本十二星座即來自於希臘神話，因此，象徵標誌也是以神話爲基礎而產生的。

這些星座的標誌，可能是爲了便於記住自己出生月日而想出來的標誌。和中國、日本古代傳承下來的「十二支」非常類似。歐洲的十二星座，在農村是用來知道播種或穀物收割的時期。此外，在時鐘的文字盤的位置，也各塡入十二星座的標誌。

即使直到今日，義大利古都佛羅倫斯的時鐘塔，仍然殘留著許多星座的標誌。此外，很多人喜歡，很多人喜歡碰到有星座標誌的事物，認爲其具有「護身符」的作用。

♈ ■**牡羊座（Aries　3月21日～4月19日）**

希臘神話傳說兩個孩子克里克生與海雷爾要遭繼母伊諾殺害時，他們的生母尼菲蕾向奧林匹斯山的海爾梅斯神求救。當時，求到的即是這個牡羊。很多人坐在金色的牡羊上，最向東邊的天空。這個標誌代表牡羊的角，同時，也象徵著從土中拚命鑽出來的草芽。

♉ ■**金牛座（Taurus　4月20日～5月20日）**

金牛座的標誌是牛的臉。多洛斯王亞蓋爾的女兒艾洛蓓非常美麗。某日，當她於海邊散步時，一頭雪白的牛走近她。她若無其事地騎在牛背上，而這頭白牛卻鑽進了海中。後來，到了克雷塔島，這頭牛才放下了女孩。事實上，這頭牛就是喜歡這女孩的宙斯，兩人後來結爲連理。這頭白色的牛，就成爲金牛座的標誌。

♊ ■雙子座（Gemini 5月21日～6月21日）

暗戀斯帕爾塔王妃蕾達的宙斯，變爲白馬接近王妃，兩人終於生下了雙胞胎，分別命名爲卡斯特爾與波爾克斯，就是這個「雙子座」。波爾克斯是馬術的好手，而卡斯特爾則是劍術的名手。雙子座象徵「知識」，雙子的標誌，也可以表示學問與知識之「門」。

♋ ■巨蟹座（Cancer 6月22日～7月22日）

表現螃蟹的「眼睛」與「爪子」狀的標誌。據說是出現在英雄海拉克雷斯面前的巨大妖怪化爲「螃蟹」飛昇於空中的姿態。也可以說成是兩個小太陽結合的形狀。

♌ ■獅子座（Leo 7月23日～8月22日）

希臘文的獅子叫做「Leo」，而象徵其開頭文字「L」字母的圖形，就是這個獅子座的標誌。受到太陽支配的「獅子座」，經常都會加上太陽的標誌。據說是被海拉克雷斯打倒的吃人的「獅子」之姿態化爲星座的表示。在十二星座之中，是最強的星座。

♍ ■處女座（Virgo　8月23日～9月22日）

表示女神亞斯特雷雅，希臘文中相當於女神神殿的字眼之最初三個字母ΠAP組合而成的圖形。也有人說長長的線條表示處女的長髮。

♎ ■天秤座（Libra　9月23日～10月23日）

可能是昔日的「天秤」將其圖案化而成，或是半個臉露在地平線上的太陽之象徵。象徵調和、均衡的天秤座，是受到表現美的金星所支配的星座。女神亞斯特雷雅將人類所有的行動，都以這個「天秤」來測量。而這個測量正邪、善惡的「天秤」形狀成爲星座。

♏ ■天蠍座（Scorpio　10月24日～11月22日）

為了警戒海神波塞冬之子歐里翁，而由女神海拉放到地上的大蠍子。此外，這個圖形一般看起來有如蛇的姿態，前後正好一分為二之形，所以有的人說頭的部分成為「處女」，後半部成為「天蠍」。處女代表「知性」，天蠍代表「下半身」、「本能」。也有人說為了求得理性與本能的平衡，而在處女座與天蠍座之間安置天秤座。

♐ ■射手座（Sagittarius 11月23日～12月21日）

希臘神話中傳說上半身為人而下半身為馬的凱隆，升天後成為星座，即為射手座。坎塔烏魯斯之子凱隆手持弓箭，下半身為馬的姿態，因此，象徵射手座的標誌，使用「弓箭」。

♑ ■山羊座（Capricorn 12月22日～1月19日）

丘雷尼王德紐歐普斯的女兒和海爾梅斯所生的孩子「龐」，全身覆蓋著毛，上半身為人，下半身為羊。而表現龐這個神的姿態的象徵，就是山羊座的標誌。

龐碰到水的部分為魚的形狀，沒有碰到水的頭的部分，為山羊的形狀。也就是說，山羊和魚混合而成的標誌，成為山羊座的象徵。此外，也有人說山羊座的標誌，象徵人類的膝蓋。

♒ ■水瓶座（Aquarius　1月20日～2月18日）

水瓶座的標誌，據說是表現水波之形以及使水面掀起波紋的風。特洛亞王之子加紐梅迪是位美少年，在奧林匹斯神殿召開宴會時，每次都派他代爲斟酒。而這位加紐梅迪，拿著酒壺或水瓶的姿態，就是水瓶座的象徵。這個標誌據說也是象徵撒馬利亞地方的水。

♓ ■雙魚座（Pisces　2月19日～3月20日）

十二星座最後的星座就是雙魚座，以兩隻魚面對面用線綁住的姿態表現出來。女神亞夫洛迪提和兒子艾洛斯在幼發拉底河散步時，怪物驟然出現。

這時，爲了保住生命，兩個人用銀線緊緊地將身體綁在一起，並且在跳河的瞬間，突然化爲兩隻魚，這個姿態就成爲雙魚座的標誌。

支配十二星座的十行星之存在

十二星座各自有一個對各星座的性格造成極大影響之行星。這個行星稱爲「支配星」，總共有十個。這同時也象徵希臘神話中奧林匹斯山的諸神。

☉ ■太陽（Sun）

「獅子座」的支配星。太陽神阿波羅爲邱比特的兒子，支配四季，同時，也是音樂與詩之神。乘坐由白馬拉著的黃金車，在天上巡邏。據說太陽光線就是阿波羅所射出的箭。

關於擊退蛇怪的傳說，意味著「只要溫暖的陽光閃耀光輝，就能夠立即擊退寒冬，成爲溫暖的春天。」阿波羅因此而得到英勇之名。

太陽含有生命、希望、威嚴的意義。

☽ ■月亮（Moon）

在占星術中，將月亮視爲是支配「巨蟹座」的行星，不過，在希臘神話中指的是戴亞娜神。戴亞娜是拉特納斯的女兒，是處女的女神。聲音很美，是嗜愛音樂的女神，象徵貞節、優雅。月亮是支配女性的行星，訴說著母愛。此外，月亮也支配著感情、感受性。

☿ ■水星（Mercury）

最接近太陽的行星是水星，是支配「雙子座」、「處女座」的行星。希臘神話中指的是海爾梅斯神，是宙斯神與梅亞之子，被視爲是商人、旅行者之神，也是一名喜歡惡作劇的神，偷哥哥波倫的牛，是喜歡爲非做歹的神，因此，也被稱之爲小偷的守護神。雖然海爾梅斯會惹哥哥亞波倫生氣，但是卻會彈奏美妙的琴音以平息哥哥的怒氣。

水星支配知性、判斷力、心意溝通。

♀ ■金星（Venus）

「金牛座」、「天秤座」的支配星。希臘神話中的亞夫洛迪提，象徵愛與美的女神。誕生於海泡中，是被三位美麗的神帶到黑林匹斯山的神。一年回出生的海中一次，進行水浴，才能夠恢復美麗與青春。

據說這位女神走路時，足跡過處會盛開花朵。金星支配愛、美、交友與休閒。

♂ ■火星（Mars）

「牡羊座」的支配星。希臘神話中表示戰神亞雷斯。戴著頭盔，伸展紅色的翅膀，手臂覆蓋毛皮，手上拿著染血的銅劍。是個性兇暴，不聽他人言語的「戰神」，唯一對維納斯神無法抵擋。火星支配勇氣、鬥志、熱情、異性。

♃ ■木星（Jupiter）

「射手座」的支配星。希臘神話中意味著最高的神宙斯，是支配宇宙的全知全能之神。身爲奧林匹斯山諸神的統領者，手上拿著王笏與雷電。

除了正妻海拉以外，還娶許多女神或女性爲妻，生下亞提納、亞波倫、亞爾提米斯、巴卡斯、海爾梅斯諸神、海拉克雷斯、培爾塞烏斯等英雄，還有引發特洛伊戰爭的美女海倫等子女。

將宙斯視爲最高神的希臘神話的思想，於占星術中認爲，是受到將「木星」視爲支配宇宙重要的行星這種「木星信仰」的影響。在亞洲自古以來已有重視木星的想法，例如十二支，也是以這一年木星的位置爲基礎來做占卜。在日本，木星也可以說是占卜這一年運道的重要星，因而有「歲星」之稱。比起太陽或月亮而言，是更重要的星。

木星支配成功、發展、幸運、名譽。

♄ ■土星（Saturn）

「山羊座」的支配星。希臘神話中指的是克洛諾斯。在母親蓋雅的唆使下，把天王星從地上拉走，在天與地之間製造出空間，但是卻遭自己的孩子背叛，最後荒唐到甚至想吞噬己子的陰濕之神。土星的標誌，是由象徵「物質」的十字與象徵「心」的半圓形組合而成的。顯示出心靈與物質的關係，表示物質受到心靈的支配。

土星支配限制、束縛、噩運、考驗。

♅ ■天王星（Uranus）

「水瓶座」的支配星。是新發現的行星，在初期的占星術中，並未利用其做爲判斷的對象。希臘神話中認爲在萬物開始、天地渾沌時，萬物之母蓋雅最初在天上生下的神，即爲天王星。占星術的天王星標誌是象徵「精神」的圓及象徵「心」的半圓，以及象徵「物質」的十字形組合而成。因此，是宇宙三要素綜合發揮作用的行星。

天王星是支配獨創力、改革。

♆ ■海王星（Neptune）

「雙魚座」的支配星。爲海神。希臘神話中指的是波塞冬。是邱比特的弟弟普魯特特的哥哥，住在海底。一旦發怒，會掀起大波，喚起可怕的狂風暴雨，具有摧毀陸地的力量。但是，既然是守護海的神，因此，古人會於七月二十三日祭拜海王星。

海王星支配夢想、直覺、理想、神秘。

♇ ■冥王星（Pluto）

「天蠍座」的支配星。爲黃泉國（地獄）之王。希臘神話中指的是哈迪斯。是邱比特與海神之弟，受到衆人的畏懼。據說只要他從地下出來時，一定會把犧牲者帶到地下。此外，他也必須防止地面破裂使得日光照到下界。他的妻子是迪梅提爾的女兒珮爾塞波妮。

冥王星支配破壞、重建、秘密、大改革。

2 你不知道的自己的性格

★占星術如何占卜

我們一般所謂的「占星」，幾乎都是以出生時「太陽」的位置是在哪一個星座來進行占卜，根據前面的說明，相信各位都已經了解了。但是，占星若要更嚴格地占卜命運或性格，則要利用更複雜的方法來進行判斷。

一個人出生時的十大星——月亮、木星、金星、土星、水星等的位置，要加以調查，同時，各個行星與自己出生時太陽的位置（自己的星座）的角度也要進行調查。藉這個角度來占卜吉凶。這兒，只針對一般所探討的太陽的位置來爲各位介紹占星的方法。

占星，據說從出生日那一天開始，每過一天，就表現出這個人滿一歲時的運。換言之，如果從出生開始經過三十天，就表示此人三十歲的運。因此，對於占星而言，每一天都具有重大的意義。

例如，牡羊座（3月21日～4月19日生）的人，同樣皆屬牡羊座，但是3月21日出生者與4月19日出生的人，具有很大的差距。

占星將一個星座又以每隔十天的方式來加以區分。每隔十天的區分，稱爲「區間」。

此外，以占星而言，太陽一天的移動，意味著移動一度。以天宮圖而言，每三十度劃分一個星座，而該星座每隔十度，就有一個「區間」。

各星座最初的十天（亦即十度），稱爲「第一區間」，接下來的十天，稱爲「第二區間」，第三個十天，稱爲「第三區間」。

十二星座的各個區間，受到各星座支配星強烈的影響，同時，也受到其他行星力的影響。

下表供各位做爲參考進行判斷。

區間／星座	第1區間	第2區間	第3區間
牡羊座	火　星	太　陽	木　星
金牛座	金　星	水　星	土　星
雙子座	水　星	金　星	天王星
巨蟹座	月　亮	冥王星	海王星
獅子座	太　陽	木　星	火　星
處女座	水　星	土　星	金　星
天秤座	金　星	木　星	水　星
天蠍座	冥王星	海王星	月　亮
射手座	木　星	火　星	太　陽
山羊座	土　星	金　星	水　星
水瓶座	天王星	水　星	金　星
雙魚座	海王星	月　亮	冥王星

♈ 牡羊座

★3月21日～4月19日

受到「火星」支配的星座。

莽撞、性急、倔強的星座，對任何事都充滿幹勁。此外，具有理想主義的一面，也富於領導他人的能力，就是所謂的天生好手。

不喜歡三思而後行，往往靈光乍現，突然展開行動。

•第一區間（3月21日～3月31日生）

第一區間的牡羊座，受到火星的雙重影響，使原本牡羊座的性格更加強烈地組合在一起。雖是女性，卻充滿爭鬥心與正

義感，具有旺盛的活力。

孤注一擲的大勝負，最適合於其個性。擁有強烈的權力欲。

此外，追求理想的人生，心中時時刻刻都充滿夢想與希望。

但容易焦躁是其缺點，必須注意。

‧第二區間（4月1日～4月10日生）

出生於此區間的人，雖是牡羊座，卻是受到獅子座的影響。

牡羊座的性格是驕傲，具有吸引人的魅力。

由於性格不穩定，且擁有想居他人之上的欲望，因此，是努力家，一旦決定好的事情，一定會努力付諸實行。

然而，一旦受到星座不良的影響時，做事會變得雜亂無

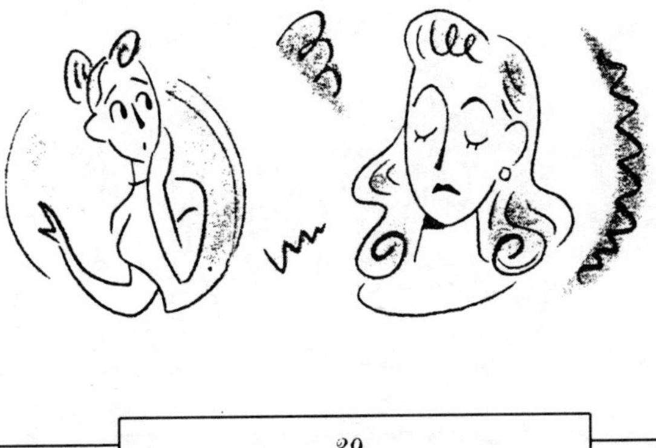

章，任性而成爲驕傲之人。

·第三區間（4月11日～4月19日生）

出生於區間的牡羊座，多少帶有一些射手座的要素。富於柔軟性，擁有寬闊的心胸。

善於照顧他人，所以擁有很多的知心朋友。

同時，也能夠得到上司、前輩等年長者的疼愛。

富於藝術家的氣質，追求進步的人生。

但是，受到射手座不良面的影響，也許對於事物的完成能力稍差。

♉ 金牛座

★4月20日～5月20日

受到「金星」支配的星座。

重實際，做事絕不勉強而爲之。不論做什麼事，事先一定慎加考慮，富於耐性，對於普通人會放棄之事，他也會努力不懈，絕不輕言放棄。此外，大部分金牛座的人，都擁有美妙的聲音。

・第一區間（4月20日～4月30日生）

出生於此區間的人，受到金星雙重的影響。深受愛與美的女神維納斯之眷顧，具有女性溫柔與美麗的特質。

此外，情愛頗深、穩重、容易與人交往，具有良識。但是固執己見，個性頑固，爲其缺點。

另外，如果金星的不良面加以強調時，可能容易流於追逐快樂。不過，敏銳的直覺力，有利於工作的進行。

・第二區間（5月1日～5月10日生）

出生於第二區間的金牛座，含有處女座的要素。

原本就待人和藹可親，再加上知性及善於言論等好的影響，故較其他的金牛座更爲體貼，具有服務精神。

爲浪漫主義者、理想主義者。當然，也有嚴肅的一面。但如果出現處女座不良的一面時，看起來由於過度自我肯定，而變得有些洋洋得意。

過於自負，導致容易批評他人，這點需要注意。

．第三區間（5月11日～5月20日生）

第三區間的金牛座，多少帶有一些山羊座的要素。除了金牛座的溫柔以外，還加上沈穩。感受性極強，對於藝術與音樂有著濃厚的興趣。

但是，過於強調頑固面，會讓人感覺消極。

也許體貼的優點會消失，不過，耐力高過他人，非常踏實，必能獲得成功。

但是如果受到山羊座不良的影響，可能會出現怠惰之心，喪失完成事物的力量。

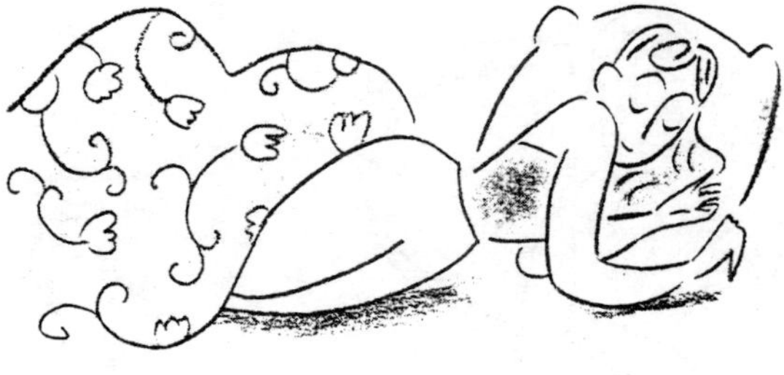

♊雙子座

★5月21日～6月21日

受到「水星」支配的星座。

活潑、頭腦靈活。不能夠守在原地不動，也可以說是欠缺穩重心的人。

喜歡以邏輯方式來思考事物，但是有時欠缺條理，幾經思考之後，可能只是訂定計畫而無法付諸行動。

・第一區間（5月21日～5月31日生）

出生於這個區間的你，具有強烈的雙子座原有的性格。頭腦異常的靈活，對自己的想法充滿自信，但是卻覺得無法將自

己正確的想法傳達給他人知道。

較不注重感情，較具有知性，所以有時會讓人感覺冷淡。而且，很難從較大的視野來觀察事物。

不過，你在工作上會比他人更爲活躍。

•第二區間（6月1日～6月10日生）

出生於此區間的雙子座，包含天秤座的要素。

具有冷靜的判斷力，對人和藹可親，具有溫和親切的情感，同時，有良好的美感與創造性。

能夠在藝術方面展現才華。不過，如果受到天秤座不良的影響，可能知性會稍嫌遲頓，同時，也可能會流於感情化。

此外，也有可能成爲怠惰者。

•第三區間（6月11日～6月21日生）

第三區間的雙子座，受到水瓶座的影響，在敏銳的頭腦中，含有許多獨創的要素。

也就是說，你具有創造事物的力量。

如果是女性，在工作上，也一定能夠展現讓男性汗顏的活躍社會性。

但是，如果受到水瓶座不良的影響時，會使你熱愛自由，討厭自己的行動受到限制，可能會破壞規則，很難與他人協調。

♋ 巨蟹座

★6月22日～7月22日

受到「月亮」支配的星座。

感受性極強，體貼，具有母愛。會替周邊人著想，是富於同情心之人。

如果是女性，則較適合從事家庭生活。

•第一區間（6月22日～6月30日生）

這個區間的你，受到月亮雙重的影響力。

在巨蟹座的人之中，你是最浪漫、親切而又富於社交性的人，經常會帶給身邊的人快樂，善於製造爽朗的氣氛。

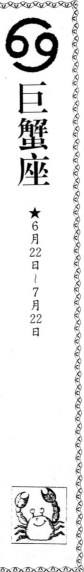

還有很多成爲賢妻良母的要素。

但是，如果月亮出現不良的影響時，感情會變得不穩定，無法以邏輯的方式來思索事物。

此外，容易出現物質的欲望，需要注意。

•第二區間（7月1日～7月10日生）

出生於此區間的人，除了受到月亮的影響之外，也受到冥王星的支配。

具備了冥王星敏銳的直覺力以及耐性。

再加上自己原有的生產性與活動性和耐性，就會成爲活躍的女強人。

但是，當冥王星出現不良的影響時，可能會口出傷人之言語而樹敵。

此外，物質欲、金錢欲也是需要注意的部分。

•第三區間（7月11日～7月22日生）

出生於此區間的人，除了月亮之外，也受到海王星的影響。

待人親切、活潑，非常美麗且富於耐心。

遇有困境時，絕對不會喪失積極性。且又富於情緒性，藉由興趣，可能會達到專門的領域。

但是，當海王星不良的性質出現時，太容易相信幻想，一心想要抓住遙不可及的希望。

♌ 獅子座

★7月23日～8月22日

受到「太陽」支配的星座。

自信、喜歡冒險，具有豪華氣氛的人。

不喜歡被他人所命令。具有充分的素質，能夠成爲團體的領導者。

・第一區間（7月23日～7月31日生）

出生於此區間的人，受到太陽雙重的影響力。

具有大而化之的心態、出類拔萃的行動力，以及超凡的魅力。

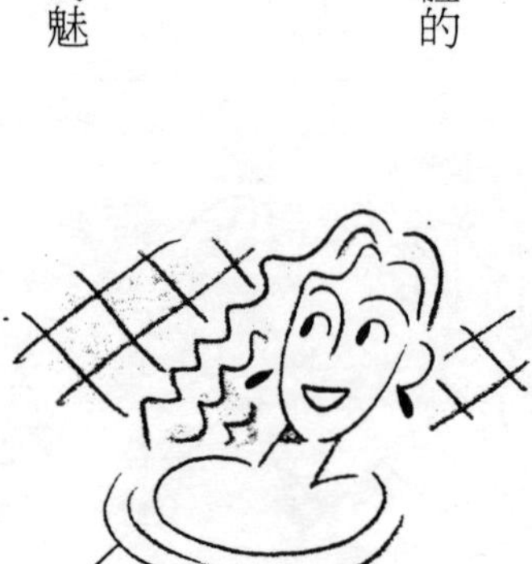

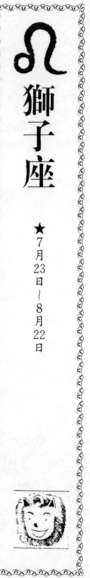

擁有魄力的性格，獨立心強，富於指導衆人的力量。

但是，如果受到太陽不良的影響時，會變得過於自信，對他人過於嚴苛。

此外，可能缺乏同情或體貼之心，容易流於自我本位主義，需要注意。

●第二區間（8月1日～8月11日生）

出生於此區間的人，除了華麗的太陽之外，也受到木星的影響。

太陽的威嚴加上木星的理想主義，因此，具有強烈的正義感，擁有爽朗、誠實的人格。

另外，也受人歡迎。

具有研究精神與有如首領般的氣魄，故一生中照顧過許多人。

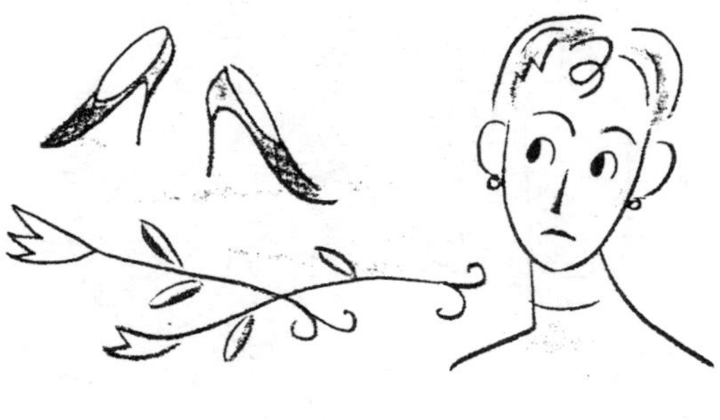

一旦受到木星不良的影響時，會變得趾高氣昂，思想偏狹。

•第三區間（8月12日～8月22日生）

出生於此區間的人，除了太陽之外，也受到火星所影響。太陽的支配力，再加上火星的勇氣與膽量，使你富於熱情，是具有強烈個性的人。

顯然的，是一位領導型的人物。活潑、開放。

一旦受到火星不良的影響時，個性稍顯急躁，獨斷獨行。當然，也會遭遇強敵。

此外，容易興奮、衝動，喜歡與他人發生爭執，喜歡支配他人。

♍處女座

★8月23日～9月22日

與雙子座一樣，是受「水星」所支配的星座。在思考、作文、與人交談上，能夠展現你的才能。認眞、熱心地面對任何事情。較不在意自己，而在意他人。

有時也會多管閒事。

•第一區間（8月23日～9月1日生）

出生於此區間的人，受到水星雙重的影響力。具有合理、建設性的思考力。同時，感情纖細，感受性極

強。有時會有神經質的表現。

雙手靈活，耐力強，能夠忍耐他人對你的束縛。

但是，當水星不良的性質出現時，會變得十分辛苦，在意細微之事，甚至變得過於膽怯。

•第二區間（9月2日～9月11日生）

出生於此區間的人，除了水星之外，還受到土星所影響。具有純樸之心及倔強、強烈的忍耐力。

土星製造強力的自立心，具有讓人足以依賴的人格。同時，擁有富於組織性的思考力，能夠憑自己的信念，開創美好的人生。

一旦受到土星不良的影響時，會變得怠惰，一味地追逐欲望，缺乏行動力。

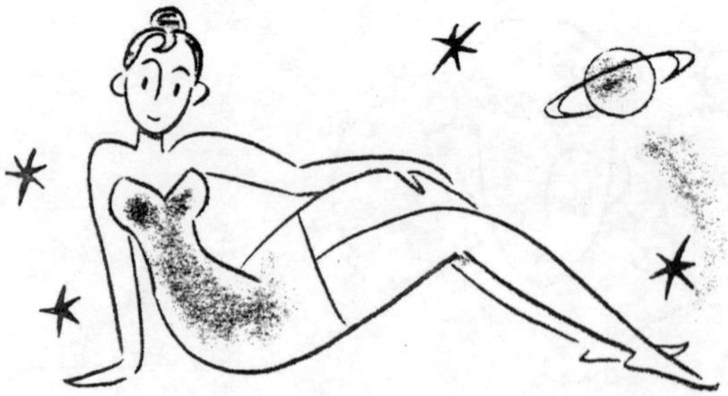

•第三區間（9月5日～9月22日生）

出生於此區間的人，受到水星與金星的影響。聰明再加上金星的生產性，成爲富於活動力的人。靈敏，具有才幹，能夠培養生活中必要的本能聰明。一旦受到金星不良的影響時，會過於執著於物質的追求。此外，會在衣、食、住、行方面吹毛求疵，任性而爲。

♎ 天秤座

★9月23日～10月23日

受到「金星」支配的星座。

具有優秀的藝術感，具有調和的思考力，不喜歡爭執，擁有朋友之惠。

但是，欠缺決斷力，容易迷惘，爲其缺點，有臨陣退縮的傾向。

・第一區間（9月23日～10月1日生）

出生於此區間的人，受到金星雙重的影響力。

重感情，非常親切，忠於所愛的人，與生俱有美麗的容貌

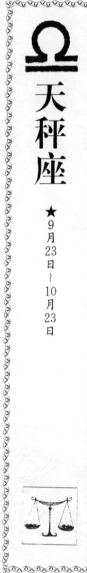

與協調的體型，爲其特徵。

從孩提時代，就具有很好的人緣。

一旦受到金星不良的影響時，也會出現天秤座最大的缺點，亦即失去判斷力，造成運勢不良。

•第二區間（10月2日～10月12日生）

出生於此區間的人，在天秤座的性格上，受到天王星的影響。

因此，具有智慧的一面。

同時，擁有幽默感，想要了解他人的悲苦，富於同情心。

一旦受到天王星不良的影響時，會變得倔強，固執己見。有時，自我主張過強，爲周邊人所疏遠。

•第三區間（10月13日～10月23日生）

出生於此區間的人，除了原有的天秤座之性格外，也受水星的影響。

原本就富於社交性，再加上微妙的知性要素，更受周邊人所歡迎。友情深厚，容易受年長者所提攜。

但是，如果受到水星不良的影響時，會變得驕傲，並喜歡找碴兒，有喜歡賣弄小聰明的傾向。

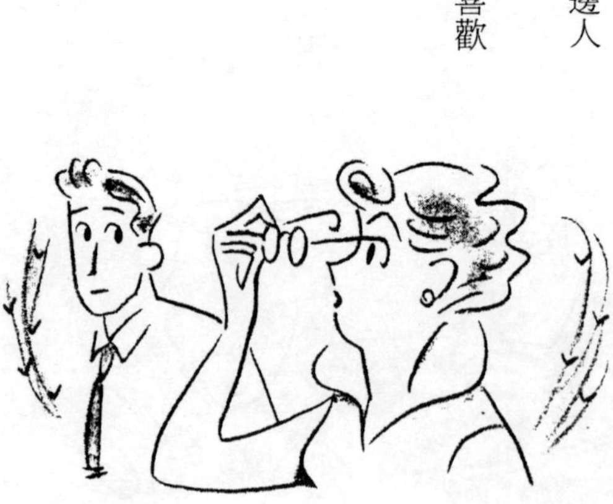

♏天蠍座

★10月24日～11月22日

受到「冥王星」支配的星座。
在十二星座中，是最神秘的星座。
具有強大的力量，熱情、富於勇氣。
占有欲極強，愛吃醋，是個令人難以掌握之人。

・第一區間（10月24日～11月2日生）

出生於此區間的人，具有最強烈的冥王星性格。
對於善、惡有強烈的表現，具有深不可測的能量。忍耐力高人一等，一旦有了目的，一定會耐心地加以完成。

一旦受到冥王星不良的影響時，有強烈敵視他人的傾向。由於競爭心強烈，故容易樹敵。

•第二區間（11月3日～11月12日生）

出生於此區間的人，受到海王星的影響。加入感傷的情緒在內，對人和藹可親，富於魅力。受到許多人的仰慕，富有旺盛的獨立心與指導力。

一旦受到冥王星不良的影響時，會感情用事，善惡莫辨，出現驚人之舉。

此外，也會變得高傲、粗暴。

•第三區間（11月13日～11月22日生）

出生於此區間的人，除了本來的星座之外，也會受到月亮的影響。在天蠍座之中，是屬於較爲活潑、具有社交運且朋友

較多的一型。

感情豐富，不論何時何地，都容易接受他人的情愛。具有適應力及多樣化的創造力，活躍範圍廣泛。

一旦受到月亮不良的影響時，會變得一味地追逐夢想，喪失現實感。

♐ 射手座

★11月23日～12月21日

受到「木星」支配的星座。

正直、追求自由。對於自己想要做的事，會立刻付諸行動，討厭錯誤，富於正義感。

隱藏在各方面都能夠活躍的可能性，才能豐富。

・第一區間（11月23日～12月2日生）

出生於此區間的人，受到木星強烈的影響。

具有自由精神，擁有求知的心。富於幽默感，決斷或行動迅速，擁有想要開拓自己人生的旺盛活力。多才多藝，興趣廣

泛。

一旦受到木星不良的影響時，會欠缺穩重，不負責任，爲情緒反覆不定之人，無法忍耐。

・第二區間（12月3日～12月12日生）

出生於此區間的人，除了本來的星座之外，也受到火星的影響。

木星再加上火星的熱情與積極性，爲感情豐富的人，懂得照顧他人。是意志頑固，富於活力的人。

不僅具有勇氣與實行力，而且重感情。一旦受到火星不良的影響時，會變得情緒不穩、衝動、頑固。

很難保持感情的平靜，可能會失去重要的朋友。

・第三區間（12月13日～12月21日生）

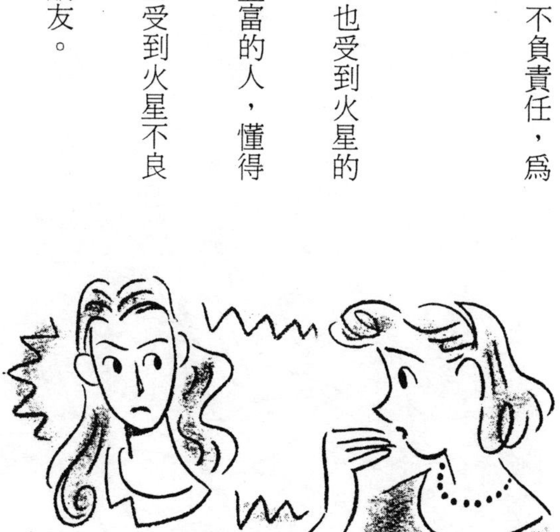

出生於此區間的人，除了射手座本來的星座之外，也受到太陽的影響。

個性爽朗，具有豐富的情感，受到家人的喜愛。具有豐富的感受性與哲學性，喜歡遵守秩序。

富於社交性，追求高尚之物。

一旦受到木星不良的影響時，不會聆聽他人的意見，獨斷獨行，也許會喪失體貼弱者之心。

♑山羊座

★12月22日～1月19日

受到「土星」支配的星座。

責任感極強，具有忍耐力。不喜歡熱鬧的生活，追求寧靜。

雖是具有耐心的人，但有時也會展現任性的一面。

・第一區間（12月22日～12月31日生）

出生於此區間的人，具有最強烈山羊座的性格。利用山羊座的忍耐力與野心，能夠展現優秀的外交手腕。

在實行計畫之前，會冷靜地分析狀況，藉由強烈的克己

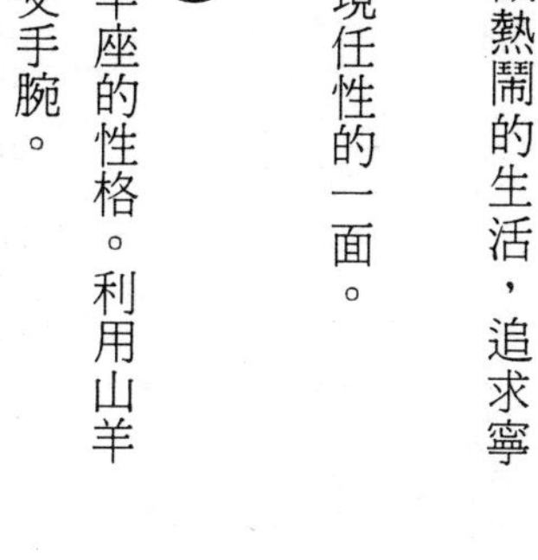

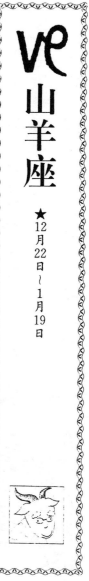

心，能完成計畫。此外，能夠直覺地掌握他人的情感。

一旦受到土星不良的影響時，會變得膽怯，疑心頗重。對自己的想法缺乏自信。

• 第二區間（1月1日～1月10日生）

出生於此區間的人，除了山羊座本來的性格之外，也受到金星的影響。

加上金星的格調性，較能夠與人交往，能夠得到許多的朋友。勤勉，具有實行力。遇到突發狀況時，能理性地突破難關。

一旦受到金星不良的影響時，會變得傲慢、易怒，對他人的好惡也變得十分激烈。

• 第三區間（1月11日～1月19日生）

出生於此區間的人，受到水星的影響。
性格較爲冷淡，再加上水星的智慧力，因此，具有客觀的思考力與邏輯性。
估價能力出類拔萃，是金錢感十分敏銳之人。
一旦受到水星不良的影響時，會顯得有些悲觀，鬱鬱寡歡，害怕損失過度。

水瓶座

★1月20日～2月18日

受到「天王星」支配的星座。副星爲土星。

理性而又非常寧靜，具有公平的判斷力，重視友情，擁有衆多的朋友。

・第一區間（1月20日～1月29日生）

出生於此區間的人，受到天王星雙重的影響。具有理性、智慧及良好的判斷力，感覺敏銳，一生中朋友很多。

在藝術與科學上，才能出衆。不知滿足現狀，具有強烈的

進取心。

一旦受到天王星不良的影響時，會變得神經質，或出現反抗的性格。

•第二區間（1月30日～2月8日生）

出生於此區間的人，受到水星的影響。

加上水星的知性，會成爲頭腦聰明、喜愛學問的人。

喜歡以邏輯的方式思考事物，看似冷淡。

此外，富於社交性、喜歡結交朋友。

一旦受到水星不良的影響時，會變得神經質，可能會失控，同時，也會變得更加的冷酷。

•第三區間（2月9日～2月18日生）

出生於此區間的人，除了天王星之外，也受到金星的影

響。

加上金星的敬愛在內，變得富有社交性，魅力十足。情緒易變，因此，運勢也起伏不定，擁有豐富的人生。具有創造性的一面，在各方面，都才華洋溢。

一旦受到金星不良的影響時，容易耽溺於快樂或情感之中，充滿幻想，無法正視現實。

♓ 雙魚座

★2月19日～3月20日

受到「海王星」支配的星座。

親切、富於同情心，輕易落淚。喜歡詩與藝術，深受美麗事物的吸引，是感受性極強的浪漫主義者。

・第一區間（2月19日～2月28日生）

出生於此區間的人，受到海王星雙重的影響。

具有敏銳的直覺力。對於神秘的事情非常感興趣。

情緒性豐富，易相信他人，喜歡追求平靜、安詳的生活。

一旦受到海王星不良的影響時，會變得膽怯、消極，可能

離成功愈來愈遠，逃避現實。

•第二區間（2月29日～3月9日生）

出生於此區間的人，除了海王星以外，還受到月亮的影響。

海王星再加上月亮的情緒性、感受性，使你擁有敏銳的直覺力及實行力。

對於人際關係具有敏銳的直覺力，同情心深厚，朋友衆多，人緣極佳。

一旦受到月亮不良的影響時，情緒易變、任性，逃避現實，成爲一無所用的人。

•第三區間（3月10日～3月20日生）

出生於此區間的人，除了海王星以外，還受到冥王星的影

響。凡事難以保持中庸之道，感情的轉移十分劇烈。

有時看似膽怯，有時卻又十分倔強。有時看似懦弱，但有時卻又非常大膽，容易受到周邊環境所影響。

一旦受到冥王星不良的影響時，感情戰勝理性，會變得任性，也經常會追逐妄想。

★星座別幸運色

牡羊座——紅色、柿紅色
金牛座——深藍色、米黃色
雙子座——鮮黃色、淡藍色
巨蟹座——銀灰色、白色
獅子座——金色、橘色
處女座——古象牙白色、藍色
天秤座——祖母綠、粉紅色
天蠍座——深紅色、灰色
射手座——紫色、深紅色
山羊座——棕色、黑色
水瓶座——青綠色、電光色
雙魚座——藍紫色、銀灰色

★星座別幸運寶石

牡羊座——鑽石、紅寶石
金牛座——藍寶石、翡翠
雙子座——綠寶石、金綠石
巨蟹座——珍珠、月長石
獅子座——紅寶石、黃玉
處女座——纏絲瑪瑙、黃藍寶石
天秤座——青藍寶石、綠寶石
天蠍座——貓眼石、黃玉
射手座——黃玉、青水晶
山羊座——綠松石、藍寶石
水瓶座——石榴石、紫水晶
雙魚座——珊瑚、海藍寶石

3 妳的戀愛

♈牡羊座

妳的戀愛運

妳像個小惡魔，追求以自我為中心的愛情。這個星座的人，當自己的熱情散發到最高處時，也能夠發揮其溫柔與體貼之心。不過，一旦熱情冷卻後，根本不把對方放在眼裡。

因此，就算擁有優秀的男性或令人羨

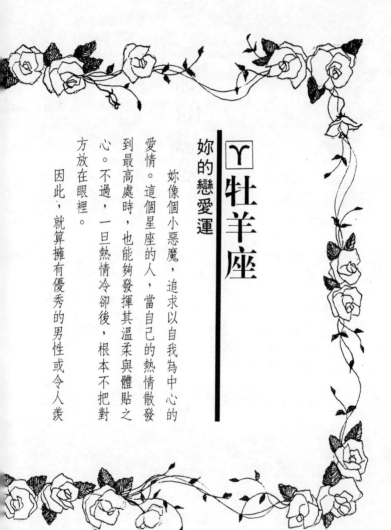

慕的緣份，也會因為戀愛不穩定而引起麻煩。

另外，因為自己過於傲慢，即使是面對自己所愛的人，有時也難以向對方表白自己的感情。

絕對不允許戀人有外遇，無法忍耐、等待惡人回到自己的身邊。

像這樣的妳，在與戀人分手後，為了打發寂寞，最好擁有自己的工作與興趣。

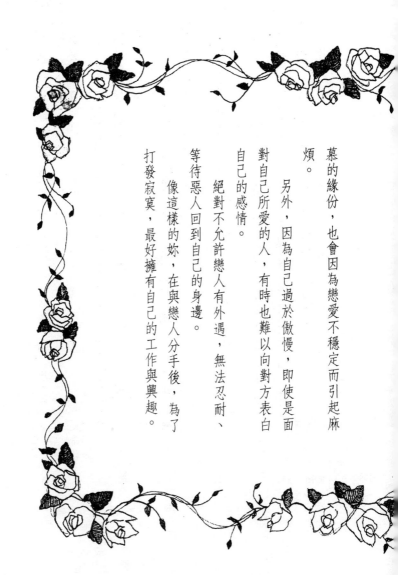

牡羊座的他與妳的戀愛相合性　★以輕鬆的心情交往

喜歡積極嘗試任何事物的兩個人，永遠都是勝利者。就算彼此保持沈默，也能夠了解雙方的想法，能夠保持輕鬆的心情交往。如果雙方過度干涉，就無法結合了。

雖然兩者是很好的組合，但有時仍然會出現瑕疵。這時，妳大而化之的態度，能夠深深吸引著他。

可是，絕對不可表現出鬱鬱寡歡的態度，否則他對妳的印象會大打折扣，需要愼重。若能成爲事業的伙伴，那就更爲理想了。

金牛座的他與妳的戀愛相合性　★會引起麻煩

金牛座會教導妳很多興趣與實際的樂趣。而他希望女性所擁有的性感，妳也擁有。他會對妳一見鍾情，但基本上，他要求一個富於家庭性而能夠照顧家庭的妻子。因此，對於具有男性化性格的妳，一旦兩人深入交往後，會發現感覺還是不同，引起麻煩的可能性極強。

雙子座的他與妳的戀愛相合性　★互相努力往上發展

能夠享受談話的樂趣，也可以成為好的玩伴或工作伙伴。喜歡充滿智慧、個性爽朗的女性的他，對妳那有如太陽般的爽朗個性深感魅力。雙方對於對方的感覺，都給予很高的評價。不論在服裝或新的資訊上，都能夠互相認同，一起攜手向前邁進，相合性極佳。

巨蟹座的他與妳的戀愛相合性　★交往難以持久

雖然擁有自我主張，但卻具有豐富人情的巨蟹座，對外以牡羊座的妳較為活躍；在私生活上，則以巨蟹座的他較為活躍。不過，是很難長時間交往的一對。他會將戀愛考慮為結婚的前奏，因此，交往過的女性，幾乎都可能成為他的結婚對象。一旦陷入情網中，會專心一意地對妳，但是，妳對他那強烈的獨占欲似乎無法苟同。

獅子座的他與妳的戀愛相合性　★小心大爭吵

如果對於人生能夠抱持大而化之的想法，則兩個人還可以交往下去。但由於妳過於顯耀，會讓獅子座的他感到不滿。雖是屬於發展良好的相合性，但若雙方過於任性而又頑固時，即使是百年的戀情，也會因爲一場大爭執而使感情破裂。

到底是由誰先引起的，不得而知，但是最後會發展到此等地步而告分手。因此，雖是好的相合性，也一定要控制感情地交往下去。

處女座的他與妳的戀愛相合性　★表現女性柔美的一面

積極大膽的妳，要能夠了解處女座纖細的一面。他能從妳的體內感受到一些新鮮的事物，對妳抱持著好感。而妳也被他那誠實、穩重的性格所吸引。

但是由於他具有神經質與潔癖，故有時和大而化之的妳也難以相處。

天秤座的他與妳的戀愛相合性　★命運的相合性

動輒與人爭執的牡羊座和個性穩重的天秤座，擁有珍貴的關係。他深受妳那爽朗個性所吸引，而妳也被他那瀟灑風度所迷戀。妳們兩人具有命運的相合性。

兩人的戀情會散放火花，出現態態燃燒的徵兆。

雖說是好的相合性，可是如果雙方爆發任性的態度時，恐怕後果不堪設想了，可能會演變到有如敵人般的關係，所以，互相忍讓爲要。

天蠍座的他與妳的戀愛相合性　★興趣相同的話就適合

雙方都富於熱情，同時是陽性與陰性的組合。只要能夠尊重對方的實力則爲吉。牡羊座的妳，需要注意自己的焦躁。妳能夠感受到在他體內的性感，而他也深受妳的魄力所吸引。

如果相遇的時機與興趣一致的話，也並非是不好的相合性。

當然，兩個人也能夠預感到雙方會一起陷入激戀中。

射手座的他與妳的戀愛相合性　★快樂的組合

他會教導直率的妳一些藝術與文學。如果學習外文，他也能夠助妳一臂之力。兩個人一定是快樂的組合。雙方從對方那兒看到眞正的光芒，則充滿活力的交往。

只要興趣或運動一致，則極有可能開花結果。

山羊座的他與妳的戀愛相合性　★一點一滴建立情感

對於過度謹愼的對手，不可掉以輕心。野心家的他，靠著防守而獲得成功；妳則是藉由進攻而得到成功。

他會誠實地對待妳，但是妳仍稍嫌不足。

當他認眞地想要與妳持續交往下去時，妳或許會感到有些厭煩。

但是，如果妳想要好好地與他交往下去的話，一定要一點一滴地累積情感，表現出妳的女性美，如此才會有好的發展結果。

水瓶座的他與妳的戀愛相合性　★不要擴張勢力範圍

如果兩人成爲朋友的話，這是很好的相合性，他會爲妳介紹一些好的人物。但是想要獨占對方的話，較爲困難。

他對於妳的魅力深具好感，而妳也能夠從他那兒了解智慧的光芒，在交往上，沒什麼不足，是好的相合性。

但是，雙方都自恃過高，不肯禮讓，一旦發生爭執，將會一發不可收拾。如果妳能先向他道歉，就會大事化小，小事化無。

雙魚座的他與妳的戀愛相合性

★只要他的年紀比妳小即可

妳想要照顧一些看似弱小的人。如果雙魚座的他比妳年紀小，那就很合適了。不過，可要注意保密唷！否則他可能會認爲妳是一名任性、倔強的女孩。

當然，如果他喜歡任性、倔強的女孩，那就另當別論了。不過，一般而言，這並不是很好的相合性。

如果妳眞的很想與他好好交往下去，就要小心不傷害到他的自尊，溫柔體貼地對待他。

♉金牛座

妳的戀愛運

妳是誠實、熱情、了解愛的美與尊貴的人，所追求的，並不是突然盛開而又立刻散落的愛，而是強烈、深邃，能夠長久持續的愛。

一旦喜歡一個男性，就會一直深愛著他，會跟隨著他。但是，相反的，妳也擁有強烈的嫉妒心。

被對方所愛時，會表現得十分溫柔、和藹可親。不過，一旦對方注意到其他的女性時，妳的怒氣會頓時爆發。

因為知道自己是一旦失去戀愛後會深受傷害的人，因此，在挑選對象或愛一個人時，會表現得較為慎重。

妳必須注意的是，儘管很喜歡對方，也要以現實的眼光，細心地觀察對方。

原本金牛座的妳，愛情緣就頗佳，但卻會因為過於慎重，而有晚婚的可能性。

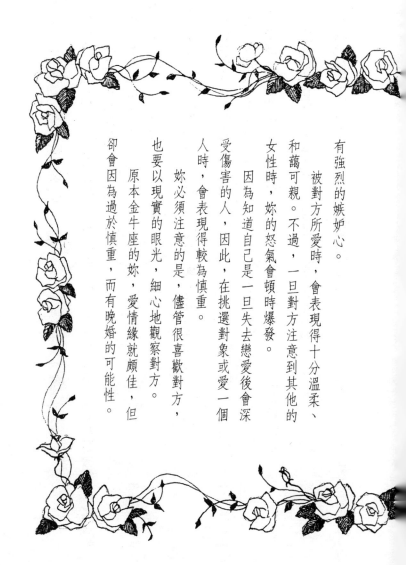

牡羊座的他與妳的戀愛相合性

★秘訣在於不要使他自鳴得意

如果兩人熱心相待，對方會爲妳做很多的事情。最重要的是，雙方都要擁有自己的時間。因爲牡羊座是自我主張較強、個性任性的人。

也許他自己並沒有注意到這一點，但是對於妳的溫柔，他可能會食髓知味，逐漸表現出自我的態度。儘管妳的忍耐心極強，最後也會爆發衝突。

金牛座的他與妳的戀愛相合性

★小心爭吵！

有藝術與食物方面的共同話題，但是要小心獨占欲與嫉妒心。此外，他對於妳的愛，很難巧妙地自我表現，但是一旦成爲戀人後，會好好守護著妳。

妳是他最喜歡的那一型，因此，即使不必過於努力，兩人也能夠穩定地交往。

雙子座的他與妳的戀愛相合性

★是痛苦的戀愛

不論在話題或戀愛上，他都是經驗豐富的對象，但是欠缺穩定。此外，他富於社交性，懂得對待女性之道。

在他的眼裡，妳是一位深具魅力的女性，也許他會積極地展開行動。如果妳也愛他的話，可以認為這是很好的相合性。

巨蟹座的他與妳的戀愛相合性　★小心流於死板

談到美酒佳餚，他的確是個可以談論快樂話題的對象，喜歡照顧人的巨蟹座，會帶妳一起去旅行或參加一些有趣的聚會。

此外，他也會深受妳這一型的女性所吸引，而妳也會想要溫柔、體貼地對待他。兩人的交往只要沒什麼重大的阻礙，則可能會結為連理，畢竟雙方都想要積極綁住對方。

獅子座的他與妳的戀愛相合性　★可以長久交往

對於穩定、能夠建立篤實家庭的妳而言，覺得講究派頭的獅子座不易對付。

他有喜歡展現自己戀人的傾向，希望將妳與他的戀情公諸於世。但是，當對方對妳有所不滿時，就很難相處了。他對於戀愛，是屬於執著型的人。

當然，妳想獨占他的心理，絕對有過之而無不及，兩人可以長久交往下去，但是要改善雙方的頑固。

處女座的他與妳的戀愛相合性

★重視誠實、溫柔

以純真的態度來考慮愛的金牛座，與處女座的服務精神是一致的，所以，兩人都能夠遵守約定，可以感到安心。但是，他並不是天眞無邪墜入情網的人，對戀愛抱持理性的態度。

而他卻深受妳的誠實與溫柔所吸引。因此，妳絕對不要表現出孩子般的嫉妒心或獨占欲，要像個「成熟的女人」，如此兩個人即可順利地交往下去。

天秤座的他與妳的戀愛相合性

★一定會到達快樂的終點

不論是戀愛或工作，兩人都很有才能。天秤座的人是十分懂得幽默的人。對戀愛方面，也有自己獨特的見解，經常會創造一個屬於自己的世界。

如果妳是他的夢中情人，則兩人一定會到達快樂的終點。但是，如果妳的主張或獨占欲過強，他可能會瀟脫地向妳道別。

天蠍座的他與妳的戀愛相合性　★相信對方

即使沈默不語，也能心靈互通。但也可能因爲較少溝通，而產生誤解。重點在於要相信對方。他並不想擁有氣派豪華的戀愛，但是都希望使戀愛踏實地成長。占有欲強過他人，對於性有極高的關心度，與擁有豐富愛情的妳，相合性極佳。

只要了解他的喜好，一定會到達快樂的終點。不過，如果傾向秘密主義或沈溺於性愛中，則可能會加速兩人分手。

射手座的他與妳的戀愛相合性　★小心他的企圖

如果射手座能夠遵守約會與金錢的約定，則爲吉。由於好玩，故會讓金牛座的妳感到不安。

他會被妳的魅力所吸引而接近妳，但其原動力來自於企圖及欲望。他是抱持玩票性質，而妳卻是認眞地對待他。因此，妳要從其態度與言語中仔細觀察他對妳的想法。

想要緊緊抓住對方的妳，以及希望能夠擁有自由的他，兩個人對戀愛的想法原本就不一致。

山羊座的他與妳的戀愛相合性　★具有將來性的誠實戀情

在蓄財與家庭和平上，能夠達成協調。妳的美與敬愛會令山羊座感到安心。雙方對於戀愛的認眞度是一致的，是頗具將來性的誠實戀情。

他會發現隱藏在妳心中溫柔的母性以及可愛，而妳也認可他的誠實與信賴。沒有任何會導致兩人戀情破裂的關鍵出現。雖然要步向地毯那一端的路途頗爲遙遠，但是，妳的忍耐力能夠補救這個缺憾。妳親手作的美酒佳餚，更能營造美好的家庭氣氛。

水瓶座的他與妳的戀愛相合性　★時機不吻合

水瓶座的突發奇想與行動令人感到擔心。沒有共有的時間來談情說愛。雖然沒有什麼不足的地方，但卻總覺得時機不吻合。

他深受妳的美感所吸引，但是在生活規律上無法吻合。妳也會有同感。如果想要和他好好地交往下去，最好是維持普通朋友的關係，不要陷入如膠似漆般的情網中。

雙魚座的他與妳的戀愛相合性

★令人發出會心微笑的戀人

雙魚座的溫柔與豐富的情感，爲妳所欣賞。在興趣與藝術上，兩人的合性極佳，是會令人發出會心微笑的一對戀人。

他對於妳穩定的生活步調、溫柔的情愛表現以及稍強的占有欲等，都能夠欣然地接受；而妳對他深邃的情愛，也能產生信賴感。

♊雙子座

妳的戀愛運

爽朗、善變的愛。

不會使自己的愛人感到無聊，兩個人在一起時，妳是很快樂的人，不過，本質卻是非常的冷淡。

因此，不會用愛束縛對方，也不喜歡自己為愛所束縛。

在愛情表現上，著實富於魅力，因此，深受許多的異性所喜愛。

也許在長大成人之前，已經經歷過很多如友誼般的戀情。

但是，卻甚少讓妳考慮到結婚的問題，在這種迷惘的路途上，蹉跎了不少歲月。

不過，相反的，也可能在抱持輕鬆的心情與對方交往中而閃電結婚。

總之，即使戀情破裂，也不會為此而傷心流淚。

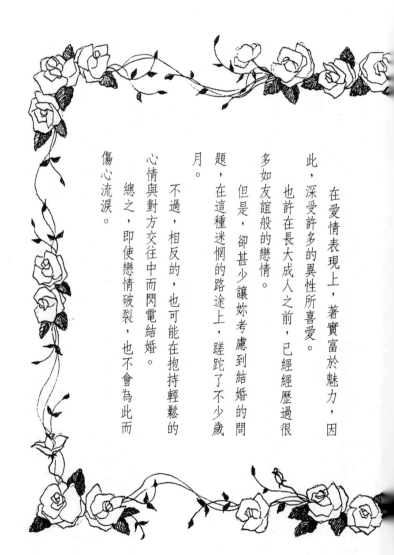

牡羊座的他與妳的戀愛相合性　★重視對方的體貼

牡羊座的他能夠爲妳建立自信，給妳指示，讓妳有所依賴，兩人擁有好的相合性。他欣賞像妳這種頭腦靈活、富於機智的女性，並深受兩人心靈相通的談話所吸引。妳也深受他那男性的魅力所吸引。但是，兩人都有任性、忽冷忽熱的傾向，必須要體貼對方，才能長久交往下去。

金牛座的他與妳的戀愛相合性　★不可見異思遷

遇到鈍感的金牛座，由妳負責給予他刺激，但是絕對不可見異思遷。他會溫柔地待妳，但因行動與判斷都是慢半拍，因此，可能無法配合妳的生活步調。他覺得要與妳配合是件苦差事。因此，如果要與他好好交往的話，一定得充分了解他的性格，自己主動地配合他。

不過，如果妳覺得這麼做是很累人的話，則不要勉強地交往下去。

雙子座的他與妳的戀愛相合性 ★清爽的組合

光是聊天或談話，無法製造愛的氣氛，兩個人都追求隨心所欲的生活，堪稱是現代型清爽的組合。

通常，會在興趣或運動方面，找到很多的共通點，能夠快樂地交往。社交範圍寬廣，深獲周邊人的喜愛。

不過，兩個人都具有旺盛的好奇心，一旦關係發展不良，可能會閃電式地投入他人的懷抱。因此，要仔細調查他是否風流成性。

巨蟹座的他與妳的戀愛相合性 ★感覺呼吸困難

巨蟹座有些好管閒事，並喜歡自我設防。如果妳能夠成爲他的重要支持者，就能夠得到和平與安定。此外，他擁有強烈的佔有欲，只要是他所喜愛的人，他就不會遠離對方。

然而，妳卻不喜歡這種佔有欲太強的人，因此，在交往中妳會感覺呼吸困難。

可是，如果現在妳喜歡他，且希望他更愛妳的話，則可以請他來家裡做客，用妳親手作的佳餚招待他。

獅子座的他與妳的戀愛相合性　★極可能步入結婚禮堂

經由獅子座的幫助，妳會慢慢地擁有自信。

對於妳的行動力與爽快的回答，他會感到很快樂。「我想和妳一起交往下去」，他一定會有這樣的想法。而妳對於他那堂堂正正的男子氣慨和值得信賴的態度也有好感。

只要相遇的時機適當，兩人極可能步入結婚禮堂。

不過，要注意的是，兩人都是任性且善變的人。

處女座的他與妳的戀愛相合性　★一旦缺乏實行力會惹對方嫌惡

逐漸了解對方之後，妳會發現他是一位現實主義者。一旦發現妳缺乏實行力時，就會討厭妳。此外，他不是以貌取人，而會利用敏銳的神經來觀察人。

在這一點上，妳與他十分配合。但是，由於他過於神經質或有潔癖，有時會令妳神經緊繃。

此外，他也許不欣賞妳那做事精明能幹的個性。因此，要讓自己有悠閒的心情與時間。

天秤座的他與妳的戀愛相合性　★工作與戀愛的關係均良好

不論在工作或戀愛上，都具有良好的關係。在藝術創作或遊玩上，也能夠達成協調。

每當他與妳談話時，就會覺得自己的夢想似乎逐漸走向實現之路；而妳與他在一起時，也覺得未來是一片光明大道。如果經濟條件符合的話，極可能結縭爲夫妻。

但是，因爲雙方經常容易分心，因此，長時間交往下去，愛情可能會化爲友情，甚至自然消失。

天蠍座的他與妳的戀愛相合性　★生理上不合

想要說動天蠍座而變得過於饒舌時，會出現反效果，使他討厭她，亦即兩人的生理可能不太符合。雖然雙方都沒有什麼大缺點，但是卻覺得很難交往下去。如果再交往下去，他想要獨占妳，而妳卻又熱愛自由，因此，兩人最好不要勉強交往下去。

如果希望兩人能夠順利地交往，則要在約會時，盡量製造「只有你的存在」這種氣氛。

射手座的他與妳的戀愛相合性

★結婚後仍像熱戀中的情侶

妳經常會考慮到構想與常識行動的平衡，但是，射手座的他，卻是率性而爲的突進型。不過，兩人是不成問題的好相合性。

你們之間的交談，會讓他覺得很快樂；而妳對他那意氣風發的態度，也抱持著好感。只要興趣一致，兩人結婚後，也永遠都像熱戀中的情侶一般。

可是，因爲兩個人都不認爲一生只有一次的戀愛，因此，等到一切穩定下來，缺乏刺激時，極可能會發生外遇事件。

山羊座的他與妳的戀愛相合性

★是不易相處的相合性

重視經驗與踏實的山羊座，不喜歡模稜兩可的說法，妳的這種表現，會讓他誤解妳是個輕薄的人。

老實說，也許兩人之間很難發展下去。就算他對妳抱持好感，但是卻不認同妳的想法與行動。雖然妳欣賞他的誠實，但是對於他慢步調的作風，也不輕易地苟同。

如果兩人要順利地交往下去，妳必須要擁有別的興趣，與他在一起時，也要努力地以他爲主，不去管他人的存在。

水瓶座的他與妳的戀愛相合性 ★相合性極佳

能夠享受氣派豪華的交往之樂，且具有共通的話題，也許在情緒上稍嫌不足，卻是好相合性。例如，儘管生活環境不同，但只要有愛，這些困難也能輕易地解決，不用擔心。在相遇的瞬間，就會感覺這是一種命運的邂逅。

可是，由於雙方的理想都很高，因此，一旦興趣或經濟問題表面化時，可能會突然分手。

雙魚座的他與妳的戀愛相合性 ★無體貼之心則無法持久

對於容易混亂的雙魚座的生活方針，妳一定要認眞地加以引導，如此就能成爲好相合性。

對於個性較強的妳，溫柔的他可能會顯得有些膽怯。可是，因爲他是男性，所以有時也要勉勵他主動領導。如果在這時，妳對他表現出不耐煩的態度，那就不妙了。若缺乏體貼之心，那麼這種交往是難以持久的。

♋巨蟹座

妳的戀愛運

妳是具有類似母愛的親切情愛之人。

一旦戀愛後，會為對方犧牲奉獻，除了他之外，妳對其他的男性不屑一顧。

但是，妳的缺點是希望對方能像妳對他一般地對待妳。

當對方不能配合妳的要求時，事情就

糟了。

此外，有時過度地體貼對方，反而會讓對方感到厭煩。

如果這種情形一再發生，則對方會好像子女背叛父母而離家出走那般地離妳而去。

雖然心中對妳抱持感謝之心，雖然喜歡妳，但是……。

此外，妳所擁有的愛情運，不僅是對異性，也會對家族造成影響。有時，家族愛過深，很難踏入真正的戀情中。

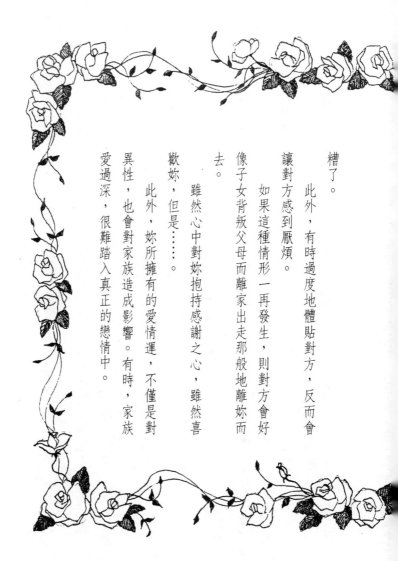

牡羊座的他與妳的戀愛相合性 ★要努力去了解他

工作之後喜歡稍作休息，處事步調悠閒的妳，和工作熱情的牡羊座，兩人的步調似乎不一致。而且，他偶爾也會有如孩子般任性的表現，喜歡願意聽他吩咐而行事的女性。單就這一點來看，懂得照顧人的妳，與他的相合性應該是頗佳。

但是，他並不喜歡那種黏著的「家庭式」之感覺。如果想順利地與他交往，則不要做出好管閒事的犧牲服務，而必須努力地了解他的需求。

金牛座的他與妳的戀愛相合性 ★心意互通

不知怎麼搞的，只要兩人在一起時，就會湧現食欲。不需要言語，兩人就能互通心意。他能夠直覺地知道妳的想法，能夠溫柔地守護著妳，適當地從旁給予協助，適當地付出體貼之心。妳所要求的男性要素，幾乎全都集中在金牛座的男性身上。

雙子座的他與妳的戀愛相合性 ★是極佳的工作伙伴

妳所重視的東西，雙子座也會重視。此外，喜歡爽快、現代化女性的他，頗欣賞隱藏在妳內心深處那努力不懈的態度。

如果要成爲工作伙伴，則兩人是很好的組合。但是，在戀愛方面，妳過於女性化的表現，可能會讓他討厭。

巨蟹座的他與妳的戀愛相合性　★完美的相合性

兩人的庶民感覺一致，且在尊重家庭主義這一方面，也具有同樣的性格，可說是完美的相合性。

他會滿懷謝意地接受妳的服務，且會超乎尋常地對妳付出體貼之心。雙方都有強烈的占有欲，所以相合性也很好。

偶爾利用週末請他到妳家裡做客，品嘗妳親手爲他製作的美酒佳餚，這是很棒的事情。

獅子座的他與妳的戀愛相合性　★重點在於相遇的狀況

與獅子座的交往，妳能夠習得戀愛的禮儀。而依相遇狀況的不同，兩個人的相合性也會截然不同。

他原本就不喜歡偷偷摸摸的戀愛遊戲，一旦談戀愛，就希望公諸於世，絕對不會引以爲恥。

妳也擁有相同的心態，因此，可能會譜出一段驚天動地的快樂戀曲。

處女座的他與妳的戀愛相合性　★氣氛穩定的戀愛

興趣與實際利益都很相配，神經也都十分纖細，巨蟹座能夠從妳那兒感受到人生與愛的喜悅。

他不喜歡誇張浮華的戀愛，因此，培養具有穩定氣氛的戀愛是很重要的。在這一點上，妳也是希望擁有成熟戀愛的人，同時，也擁有願意爲他犧牲奉獻的想法，應該是會令人發出會心微笑的組合。

天秤座的他與妳的戀愛相合性　★不可犧牲過度

妳想要了解公私分明的天秤座，並不容易。他的個性穩定，不喜好爭執，對他人的態度，也具紳士風範。

但是，在戀愛方面，卻表現得相當任性。如果妳過度溫柔體貼，可能會造成他在外面風流，因此，不可過度犧牲奉獻。秘訣在於不要主動追求他，而讓他主動追求妳。

天蠍座的他與妳的戀愛相合性　★穩定成熟的戀愛

雖然沈默不語，也能心意相通。由於能夠了解雙方的心態，故能享受穩定、成熟的戀情之樂。

他能感受到隱藏在妳內心深處的溫柔母愛，妳也能夠從他身上感受到值得信賴的未來。

射手座的他與妳的戀愛相合性　★交往下去會感覺疲累

不論是對外表現或工作上都不活潑的他，不喜歡同樣事情做兩次，富有旺盛的好奇心。當然，對於戀愛的想法，也是有冒險心的。因此，與希望擁有穩定戀情的妳，想法並不一致。所以如果再交往下去，會讓妳感到精疲力竭。

如果妳願意參加他專注的興趣或運動的話，也許會逐漸地改善兩人的相合性。

山羊座的他與妳的戀愛相合性

★認眞堅實的組合

他是不喜歡玩戀愛遊戲的人，兩個人能夠擁有富於將來性的堅實戀情。妳也喜歡誠實的男性，所以兩個人具有很好的相合性。不過，如果沒有任何一方主動展開攻勢，那就會不了了之。

把主導權交給山羊座，妳只要跟隨他，就十分安全了。山羊座的他，會讓妳獲益匪淺。秘訣在於一定要好好地計畫未來。

水瓶座的他與妳的戀愛相合性

★不適合的部分較多

交往之初，也許還不會出現不妥的感覺，但是在逐漸了解雙方的本質後，會發現不適合的部分很多，而令你感到厭煩。

他喜歡充滿智慧、冷靜的女性，而妳卻是喜歡黏人，適合於家庭生活的女子，也許他會覺得妳好管閒事，讓他感覺呼吸困難。絕對別想要束縛水瓶座。

要成爲一個做事俐落，能夠提供新話題的智慧型女性，這是重點，可請他的朋友從中幫助。

雙魚座的他與妳的戀愛相合性　★他很重視妳

與他交往後，會發現妳的夢想指日可待，因而感到十分的快樂。是情愛互通的組合。

本質上，他是喜歡撒嬌的女性，雖然臉上故意露出迷惑的表情，但卻深深喜愛妳那犧牲奉獻的個性。此外，爲了戀人，他也會不顧一切地犧牲奉獻，對妳十分重視。

如果很早就發現適合自己的人，那麼，要步向婚姻的終點也並非是夢想。要重視兩人能夠溝通談話的時間。

♌ 獅子座

妳的戀愛運

妳是擁有開放愛的人。

真正喜歡的人，毫不隱瞞，也不在意他人的眼光，只希望兩人能夠好好地交往下去。

希望愛的主導權掌握在自己的手中，是個任性之人。

喜歡依自己的想法展開約會，但是稍不順心的話，會立刻繃著臉，喜、怒、哀、樂明顯地表現在臉上。

不過，很多異性會欣賞妳這可愛的一面，而願意接近妳。

然而，妳看上眼的男性並不多。

因為妳是自恃甚高的人，並且不希望被愛，而想要自己主動去追求人。

如果對方能夠以妳的愛為主，則妳也能與對方配合。

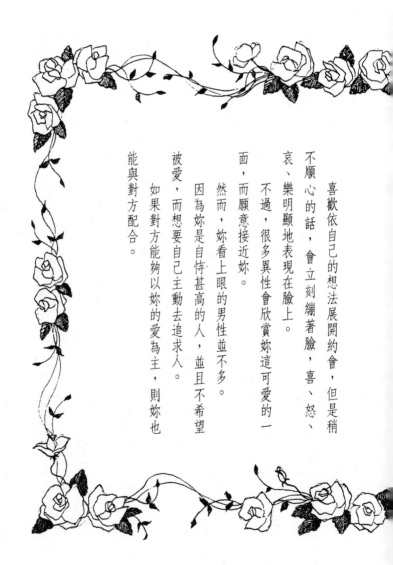

牡羊座的他與妳的戀愛相合性

★要用言語傳達自己的心情

自我意識頗強，不服輸的獅子座，大致符合他的理想。看到面對理想，不畏困難，勇往直前的牡羊座，也會讓妳湧現自信。

但是，如果經常毫無意義地表現威風凜凜的樣子，會顯得過於孩子氣。因此，有時會用言語將自己的心情坦白地告知對方。最有效的表現法，就是不要賣弄小技巧，而要率直地向他表白。

金牛座的他與妳的戀愛相合性

★多送點小禮物

想要獨占妳的金牛座，可能會使妳因爲無法自由行動而感到痛苦。

此外，妳是心直口快型。然而，悠閒的他，卻欣賞個性沈默的女性，所以，有時妳得忍耐一下，讓他表現大男人主義的一面。

即使他經常將「喜歡」兩個字掛在口上，妳也不能夠表示安心，送些小禮物或親手爲他作便當，慢慢地發展下去吧！

雙子座的他與妳的戀愛相合性　★朋友或戀人兩者皆可

交際圈廣，對於妳的優秀也能夠認同的雙子座，不論是爲朋友或戀人，相合性都很好。社交家而喜歡裝腔作勢的他，希望能夠擁有像妳這種具有豪華氣氛的女性。

儘管有些驕傲、有些任性，他也能夠巧妙地控制妳。最有效的方法，即是首先要與他的朋友維持良好的關係，表現出具有社交性的一面。最初，以朋友的感覺慢慢地交往。

巨蟹座的他與妳的戀愛相合性　★不是合適的一型

在家中覺得孤寂、在外面生龍活虎的妳，也許並不適合於重視家庭的巨蟹座。

感情豐富，重視氣氛的他，也許會讓妳覺得是個不懂得情趣的人。不過，像妳這種行動爽快的人，也不見得能夠討好他。

如果妳能夠發揮母性溫柔地對待他，就能克服兩人之間不良的相合性。多注意他的健康，以他所喜歡的話題去接近他吧！

獅子座的他與妳的戀愛相合性　★了解對方的心情

雖然雙方心靈互通，但只要對方的存在過於顯眼時，就會產生嫉妒之心。他深受倔強、驕傲的女性所吸引。雙方能夠建立一個互相了解對方心情的關係。

富於積極性的妳，可邀他一起去喝酒或看電影，以兩人互相較勁的心情來對待他吧！

處女座的他與妳的戀愛相合性　★不可忘記誠實

凡事都講求禮貌的處女座，也許會讓妳覺得很美。他會不斷追求隱藏在女性內心深處穩定的部分及女性的體貼。

妳確實具有穩定性，但有時卻欠缺纖細的體貼，因此，不要忘記守時、約定等基本的誠實。

天秤座的他與妳的戀愛相合性　★不要過於驕傲

要側耳傾聽他的話，以兩人慢慢親近的心態來交往。

經常容易脫軌的妳，天秤座能夠矯正妳的缺點。不論自己擔任主角或被人操縱，都能夠經歷快樂的人生。經常讓人產生豪華感覺的妳，會吸引他的目光。

但是，對於喜歡平凡女性的他而言，無法了解妳的上進心或傲慢，這可能是導致兩人發生衝突的原因。所以，妳在他的面前最好不要表現這樣的一面。

妳可以輕鬆地邀約他，以朋友關係慢慢地交往下去。

天蠍座的他與妳的戀愛相合性　★要多花一點時間

如果妳爽快的實行力能與天蠍座的耐性相結合，則兩個人也可能會譜出戀曲。

他欣賞妳那熱情而又不倔強的性格。不過，他是秘密主義者，而妳卻是相當的開放。如果妳的做法不會讓不想將兩人戀情公開的他感到焦躁，能夠和睦相處的話，就能夠提升兩人的相合性。

射手座的他與妳的戀愛相合性　★坦然相對則為吉

不論在遊玩、藝術文學方面，都擁有共通話題的他，會對妳抱持好感，也會對妳訴說自己的夢想。

但是，喜歡個性爽朗女性的她，妳所具有的魅力，仍與他的夢想有一段差距。在他面前，有時妳會覺得不知所措，不知道自己該說些什麼才好。

不過，如果妳能夠坦然地對待他，則兩人具有最佳的相合性。

山羊座的他與妳的戀愛相合性　★不可忘記體貼之心

喜歡工作的山羊座與喜歡休閒的妳，似乎相合性不佳。但是，隱藏在妳內心深處的穩重及豪華的氣氛，是他所嚮往的，也是兩人相合的部分。

但是，他還是有一些未說出口卻希望妳能夠了解的部分。所以，如果能夠對他溫言軟語，表現出女性溫柔的一面，那就更棒了。如果只是傳達自己的好意，恐怕會讓他感到懷疑。

水瓶座的他與妳的戀愛相合性　★等待他的告白

別將水瓶座所訴說的理想當眞。喜歡社交而又是知性派的妳，具有與他合適的波長，令人感到不可思議。兩人能夠擁有快樂的交談。當兩人意見不同時，如果妳情緒化，而表現出任性的一面，他會逃之夭夭。如果能在運動方面擁有共同的興趣，一起享受快樂的生活，提高雙方的心情，那是很好的。

但是，一定要等待他主動的告白。秘訣在於絕對焦躁不得。

雙魚座的他與妳的戀愛相合性　★感覺不合

對於十分脆弱的雙魚座，恐怕妳無法付出太多的溫柔與體貼。積極行動派的妳，與他所喜歡的有些害羞而又可愛的女性，似乎形象不合。因此，兩人有不來電的感覺。

不過，如果妳能付出溫柔、體貼、多撒嬌一下，則一定能夠提升兩人的相合性。總之，妳要多加照顧他，才能博得他的歡心。

♍處女座

妳的戀愛運

妳並不是富於社交性的女人，深思熟慮，對於戀愛或婚姻雖然嚮往，但卻很少在戀愛上有積極的表現。妳總是退後一步，以冷靜的眼光觀察對方。

因此，妳可能會想「如果換個對象，

或許就能夠得到幸福」。所以，妳也許會與多位男性談戀愛，而為「多情女」之名所累。但是也有一型是表現出過於冷淡的態度，使他人認為「妳不像是戀愛中的女人」。

不論妳是屬於那一型，妳的戀愛對象最好是選擇心胸寬大而沈穩的男性。

此外，妳對於戀愛或婚姻抱持過度浪漫的思想，這一點可能會讓妳感到失望。

在妳成熟之前，可能戀愛多次，逐漸了解男女之間的結合之後，妳才能得到真正幸福之愛。

牡羊座的他與妳的戀愛相合性

★輕鬆接受對方的邀約

一切都交給個性積極的對方，畏縮的妳，只要跟隨於後即可。喜歡事物分明、行動俐落的女性的他，對於妳愼重的態度，或許會覺得無聊。

所以，妳應該放輕腳步，搖身一變，成爲他理想中的女性，可以輕鬆地接受他的邀約。要率直地表達自己的心情，抱持姑且一試的心態，才是戀愛成就的關鍵。

金牛座的他與妳的戀愛相合性

★接受他的任性

對方希望擁有溫和、穩定的感覺，而妳是能使他心靈獲得平靜的對象。但是，喜歡悠閒、穩重、具有優雅氣氛的女性的他，對於妳的認眞、嚴肅，有時會覺得過於神經質而感到厭煩。如果妳能忍受他那樂觀而又有點慢半拍的表現，則兩個人的感覺頗佳。

接受他的撒嬌或任性。利用打電話或兩人獨處時做愛的告白。

雙子座的他與妳的戀愛相合性

★積極地談戀愛

希望吸收知識的雙子座和累積知識的處女座，有很多的共通點，雙方不必過度費神，即可輕易地交往下去。

兩人都具有的智慧氣氛，能使感覺的波長吻合。

如果妳想要束縛富於社交性的他，則會令他討厭。妳不妨主動積極地邀請他一同用餐，或參與休閒活動。

巨蟹座的他與妳的戀愛相合性　★不吝於鼓勵

對於他人小小的親切都會抱持感傷之心的巨蟹座，是妳可以放心交往的對象。

妳會因為他甜美的氣氛而雀躍不已，而他也會對妳的純樸之心抱持好感。但是，妳要了解他有時不在意時間，有時無法斬釘截鐵地下決斷。

對於這樣的他，如果妳能給予鼓勵的話語，那就太好了。在生日或情人節那一天，絕對不可忘記送他禮物及能使他心情愉快的小卡片。

獅子座的他與妳的戀愛相合性　★要領導他

不斷壓抑想要追求冒險之心的妳，和不知畏懼爲何物的獅子座能夠建立良好的關係。但是，希望擁有如女王般威嚴的女性的他，對於處事愼重的妳，基本想法上有所不同。

因此，對會領導他，這麼一來，妳在工作上也能夠擁有自信，而他也能感受到妳的魅力，爲妳所吸引。

處女座的他與妳的戀愛相合性

★不要神經過敏

只要有一方不要表現過強，就能夠一直保持平行線。對於誠實、體貼，想要追求誠實女性的他而言，妳的確是一位理想的女性。當你們在一起時，也能夠感受到極佳的相合性。但是，兩人都神經質，如果對於小事也神經過敏的話，則以後的交往會覺得很疲累。

天秤座的他與妳的戀愛相合性

★輕鬆地扮演自己

十分在意他人眼光的天秤座，妳絕對不要加以批評。

對於喜歡追求個性爽快、具有才幹的女性的他而言，妳過於小心謹愼。任何事情都採追隨主義的妳，這種認眞嚴謹的態度，會讓他覺得無聊。

但是，如果妳能夠對於流行資訊表現敏感、注意的一面，而且經常表現外向的一面，則兩人就能夠配合。不要過於在乎周遭的氣氛，最好能夠自由地表現自己的心情。

天蠍座的他與妳的戀愛相合性 ★避免表現出大小姐的態度

重禮貌與慎重的態度，與妳十分吻合。深邃而又具有力量的天蠍座，是值得妳尊敬的對象。

此外，喜歡寧靜、抒情氣氛的他，與妳頗爲類似。但是，以熱情、成熟女性爲理想的他，對妳那如大小姐般任性的態度，無法苟同。因此，有時，要表現出成熟女性美的一面。最好的方法，則是選擇兩人能夠盡情交談的約會地點。妳可以若無其事地打開話匣子。

射手座的他與妳的戀愛相合性 ★雙方都不感覺到雙方的魅力

在高尚的談話途中，常有脫線表現的射手座，能夠吸引他的，即是妳的能力。但是喜歡活潑女性的他，對於妳那過於認眞、嚴肅的態度，難以產生好感。

但是，如果能夠寬容他的缺點，且表現出明朗的一面，就能夠提升對方的相合性。煩惱之事找他商量，與他無所不談，製造兩人獨處交談的時間，這是很重要的。

山羊座的他與妳的戀愛相合性

★不必言語亦能互通心意

現實的山羊座性格，會讓妳感到安心，在工作上或人生上的事情，都能夠主動與他商量。有時，甚至不需要言語的交談，就能夠了解雙方的感覺，可以說是好的相合性。不過，一旦發生誤解後，熱情冷卻，難以收回，因此，要注意不要表現得過度驕傲。

水瓶座的他與妳的戀愛相合性

★爭吵會留下裂痕

雖然頭腦聰明，但是容易脫離實際社會生活的水瓶座，並不適合妳。不喜歡情緒化女性的他，可能瞬間會感覺到與冷靜的妳很搭配。但是，雙方經過爭吵後，會留下裂痕。

最好扮演一個擁有自我主張的知性女性。在兩人獨處的場所，若無其事地傳達自己的心情，絕對不會有幼稚的表現。

雙魚座的他與妳的戀愛相合性

★讓他覺得「想要保護妳」

雖然受到雙魚座氣質的吸引，但是他奢侈散漫的作風，或許會讓妳覺得厭煩。不過，妳拘謹奉承男性與認眞的態度，也許與他的態度十分吻合。

當兩人爭吵時，如果妳針鋒相對，他可能會抽身而退。有時要表現依賴他而顯得自己軟弱。

秘訣在於讓他覺得「想要保護妳」。如果自己一味地逞強，則只會招致反效果。

♎天秤座

妳的戀愛運

具有纖細愛情與豐富感情的人。具有高尚優雅、華麗氣質的妳，經常是男性憧憬的對象。因此，妳較不適合主動愛男性，而適合被男性所愛。

所以，妳很少主動去接觸自己所喜歡的男性，經常都是接受對方的愛。

擁有這些優厚條件的妳，卻無法產生熱戀。

不過，一旦有熱戀的感覺時，就表現妳面對競爭對象。

當出現競爭對手時，妳會搖身一變，和以往的妳完全判若兩人。

此外，因為妳擁有太多選擇的自由，因此，如果對方沒有展現熱情，妳就會對他的感情開始動搖。

喜歡追求自己生活的人，多半是妳這一型的人。

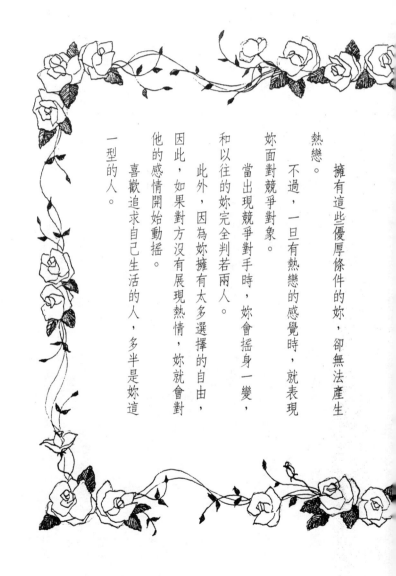

牡羊座的他與妳的戀愛相合性

★早點表白YES或NO

自己的道路靠自己來開創，熱情、積極的他，與富於社交性的妳，都擁有極高的理想，是豪華的一對戀人。

他也擁有非常單純的一面，一旦爲女性所讚美時，會雀躍不已。

妳可以連續地讚美他「好棒啊！」「眞行！」「好厲害呀！」而邀約他，相信他一定會答應的。如果讓這個熱心、率眞的對象過於焦急地等待，恐怕妳就會後悔莫及了。最重要的是，要早點說YES或NO。

金牛座的他與妳的戀愛相合性

★能夠互相感受到魅力

穩重、體貼的他，欠缺爽快感，對富於社交性的妳而言，或許節奏無法配合，不過，雙方皆能夠感受到對方的魅力。

也具有能夠相愛的氣氛。但是，一旦陷入金牛座同一形式的作風中，妳就會感覺到不滿。想要有所進展，就必須要重視感覺的氣氛。他是一位美食家，故可以美食店做爲約會地點。另外，禮物攻勢也能夠奏效。要逐漸提升他的情緒。

雙子座的他與妳的戀愛相合性　★能夠快樂地交往

兩個人都是具有現代感、富於智慧的星座，溝通欲也極佳，能夠快樂地交往。只要配合善變的雙子座之行動，就能夠得到最佳的相合性。

即使爭吵，也能夠迅速找到重修舊好的關鍵。例如，大家打算一起去玩時，妳可以問他：「去哪裡較好呢？」請他決定。

如果他覺得「難道這個女孩喜歡我嗎」，這時，妳可以若無其事地表現出對他的好感。如此一來，兩個人就能夠享受快樂的戀愛遊戲。

巨蟹座的他與妳的戀愛相合性　★不可掉以輕心

在交往時，會慢慢覺得對方有些頑固。一旦有這種感覺時，最重要的，就是要接受對方的好意。

他擁有強烈的占有欲與嫉妒心。對於不能專注感情於自己身上的妳，會有所不滿。

當妳想要挽救時，儘可能表現出自己柔美的一面。絕對不可掉以輕心，否則會造成反效果。

首先，要發現與他共通的興趣，多製造交談的機會。

獅子座的他與妳的戀愛相合性　★非常搭配的一對

高雅、富於美感的妳，會受到他極端地重視。而妳也是很想和自己所喜歡的人在一起的人，他對於這樣的妳，也會抱持好感。周邊人看來，你們是令人稱羨的一對。

要積極地前進。不過，在衆人面前盡量不要過度接近。最好打扮亮麗，邀他一同享受豪華的約會氣氛。

建議妳們不妨到高級餐廳或飯店約會。

處女座的他與妳的戀愛相合性　★不是很適合

妳會受到處女座的知性與誠實所吸引。但是，過於常識性，有時會讓妳覺得無趣。兩人的相合性並非很好。

和他交往之後，妳會慢慢地感覺乏味。

他喜歡個性穩重的女性，所以妳要若無其事地表示對他的好感。

可以送給他感興趣的書做爲禮物。

天秤座的他與妳的戀愛相合性　★妳要積極主動

任何人都希望對方能夠更愛自己一些。所以，爲了吸引他的注意，妳要表現得積極一些。

在談戀愛時，兩人是非常浪漫的一對。而妳對於他的體貼，也要坦白地表示感謝。

可以訂定快樂的旅行計畫，邀請他一起參加。

如果能打扮得漂漂亮亮出門，那就更好了。

天蠍座的他與妳的戀愛相合性　★要擁有體貼之心

對方認爲深刻的嫉妒，才是眞正的愛情。擁有濃厚氣氛的他，與富於社交性的妳，是普通的相合性。交往一陣子之後，就能夠逐漸了解對方的長處，但有時妳因爲無法掌握到他的心情而苦惱。

即使是輕鬆的話題，也不能表現得掉以輕心。擁有體貼之心，是很重要的。

射手座的他與妳的戀愛相合性 ★不要束縛對方

能夠擴展妳的興趣的，即是射手座。可以從兩人的交談中，學會很多的事情。富於冒險心的他的話題，會讓妳感到興趣。

他喜歡開朗、率直的女性，所以不要考慮過多，可以輕鬆地邀約他。

不要訂定太多的時間表，享受自由的時間之樂，就能夠度過快樂時光。到遊樂場或從事戶外運動，能夠爲妳帶來好運。

山羊座的他與妳的戀愛相合性 ★並不適合

努力而有些庸俗的山羊座和偷懶而又瀟灑的妳，相合性不佳。

認眞、耐力極強的他和隨時要追求變化的妳，兩人必須重視公正與調和，才能順利地交往下去。

重點在於要擁有餘韻，不可賣弄小聰明，要誠實地對待他。在流汗時，能夠遞手帕給他的女性，才能爲他所感動。

水瓶座的他與妳的戀愛相合性　★要做個好聽衆

具有獨創性、性格易變的對象，妳必須表現出孩子氣可愛的一面。此外，重視溝通的他與妳，一定能夠成爲羅曼蒂克的戀人。

不過，有時他少根筋，可能向妳借的錢會忘了還……。

也許，他那些快樂的話題是你們交往的關鍵。他隨時都希望別人能夠聽他說話。

如果妳能夠高明地隨機附和，好像快樂似地聽他說話，則兩人會有很好的發展。

雙魚座的他與妳的戀愛相合性　★想法的步調不合

溫馴的雙魚座和妳的戀愛，可能會讓妳覺得自己依賴他。穩重、親切的他，卻欠缺行動力，與妳的想法步調不合。也許妳會覺得他稍嫌不足。

他喜歡溫柔、追求羅曼蒂克氣氛的女性。

電影上的一個畫面或像故事般羅曼蒂克的約會，也許能夠成爲愛神的箭，射中他的心坎。

♏天蠍座

妳的戀愛運

具有深情、熱情的人，愛情十分熱烈。但是，自己如此熱烈地愛著對方，不僅會瞞著他人，也會瞞著對方。

如果不坦白表達，可能戀情會破碎。由於金星在此位置，因此，不論是哪個星座的人，都會在不知不覺中散發出女性的魅力。

但是，對於戀愛小心謹慎，儘管男性主動接觸，也不會感到喜悅，無法敞開心扉。

可是，一旦發現這個男性好的部分，且感受到愛時，就會投入這個男性的懷抱，甚至想要獨佔對方。

原本，妳就是感情的好惡表現極端明顯的女性，不論是愛或被愛，都會表現得十分劇烈，但是，有時可能會受到對方的背叛。

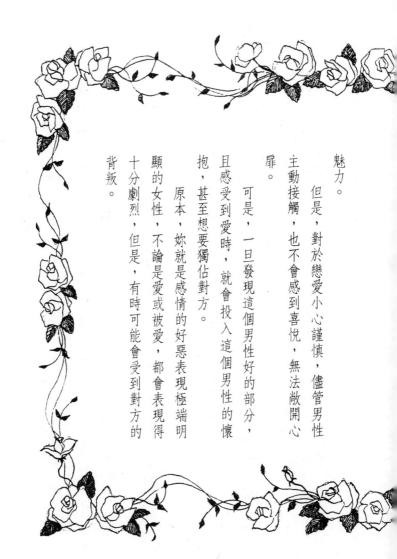

牡羊座的他與妳的戀愛相合性　★不適合

活潑、積極、處事毫不在乎的他，與妳的相合性與不好。妳無法贊同他的想法，而他對妳慎重的態度，也無法苟同。如果想要發展下去，則妳必須對他嬌柔一些。凡事都倚賴他，這是秘訣所在。

當他送妳東西時，妳可以誇張地表現喜悅之心。因爲對他而言，被人倚賴，是最快樂的一件事。

金牛座的他與妳的戀愛相合性　★擁有大人氣氛的戀情

隨著交往時日的增加，雙方更能互通心意，不必多言，光是眉目傳情，就能夠了解對方的想法。在戀人面前，他會表現得十分溫柔。

而追求寧靜氣氛的妳，與他的談話相合性極佳。能夠製造出大人氣氛的穩重戀情。

兩人獨處時，可與他商量一些小事。以悠閒的步調來表白自己。

雙子座的他與妳的戀愛相合性

★由他來追求妳

具有合理現代感覺的他與妳的相合性平平。兩人都不喜歡他人闖入自己的世界中，因此，兩人會成爲相當冷淡的戀人。如果要接觸的話，最好由他來追妳。因爲他的個性易變，如果妳主動追他，他反而逃之夭夭。

巨蟹座的他與妳的戀愛相合性

★在家庭面互相吸引

兩人都能夠充分享受私人時間。

在家庭十分溫柔的他，對妳抱持好感，而妳也爲他那樸實、神秘的魅力所吸引。可以成爲極好的戀人。

妳要把自己適合家庭的一面表現出來。例如，爲他做便當，一定會討好他的。

獅子座的他與妳的戀愛相合性

★他是難以抵擋奉承的人

驕傲、自我表現欲極強的他，和妳就如同水和油一樣，不太相容。

在他眼中看來，妳那從不自作主張的態度讓人感覺陰暗，而妳對於他那自我掩飾的態度也感覺厭煩。如果兩人要交往下去，就要使他高興。他是難以抵擋奉承的人。對於妳的稱讚，他絕對不會討厭的。

處女座的他與妳的戀愛相合性 ★穩定和平的戀人

處女座的他是和妳互相服務的戀人，神經纖細的他，與妳的相合性極佳。溫柔、嚴肅的他，會成為妳的好伙伴。經常笑口常開，談話絡驛不絕，這才是長久交往下去的重點。可說是一對穩重、和平的戀人。

天秤座的他與妳的戀愛相合性 ★以朋友般的感覺來交往

兩人的相合性普通。社交性的他與內向、不善與人交往的妳，會發生口角。

天秤座的他會為了尋求協調而經常掩飾表面，一旦這種癖性為妳所發現，他就會討厭妳。所以不要過於深入，要以朋友般的感覺交往。過於強調「喜歡」對方，會使他想要逃脫。與他交往時，最好要保持適當的距離。

天蠍座的他與妳的戀愛相合性

★重點在於擁有共通的興趣

看似拘謹而又驕傲的兩個人，一旦考慮到「如果失敗該怎麼辦」，則可能會變得畏縮不前，兩人擦肩而過。

但是，兩人應該能夠感受到言語無法說明的愛情。相信依靠在他身旁的妳的姿態，一定會羨煞周圍的人。一定要坦率地表現眞正的妳，這才是最重要的。

如果一直在思索該如何進行這段戀情，則只會造成反效果。發現共通的興趣，有了共同的話題，兩人就能夠長久地交往下去。

射手座的他與妳的戀愛相合性

★交往無法持久

活潑、不喜歡受約束的射手座，是悠閒、快樂的對象。兩人能夠共度快樂時光，但如果想要長時間交往下去，則對妳而言，熱愛自由的他，並不算是好的伴侶。

開放、活動性的他，有時過於任性的表現，會讓妳感到煩惱，和態度嚴謹的妳，相處不易。

山羊座的他與妳的戀愛相合性

★花點時間建立良好的關係

妳欣賞山羊座朝著目標篤實前進的姿態，並感覺到安心。同時，也尊敬他那不受周圍環境的影響而富於耐力的態度。而他對於妳穩重的態度，也有所好感。可以說是一對堅實型的戀人。

妳要慢慢地與他交往下去，過於性急的接觸，會讓他感到困擾。要慢慢再三地表示妳的好意。假以時日，一定能夠建立良好的關係。

水瓶座的他與妳的戀愛相合性

★赴約之後就很痛苦了

如果答應水瓶座的約會，以後可能就會覺得很痛苦了，因爲兩人的相合性並不好。

他不喜歡與特定的女性，而喜歡和廣泛的女性交往。而妳的寬大胸懷到底能容納到哪種程度，即是兩人交往的關鍵所在。他有強烈的好奇心，喜歡新的事物與有趣的話題，妳可以輕鬆地與他聊天。另外，與他的朋友建立良好的關係，也是很好的。

必須敞開心扉交往，因爲他喜歡知性、爽朗的女性。

雙魚座的他與妳的戀愛相合性

★婚後也像情侶的一對

擅於觀察難以表現自己的妳的雙魚座，與他在一起，擁有自然的感覺。感受性極強的兩人，能互相體貼對方，很重視對方。婚後也會像一對情侶。兩人見面時，一定要面帶笑容打招呼，不要焦躁，自然地在他內心深處留下妳的印象。

如果發現有共通話題，則可以此爲藉口，決定與他約會。

♐ 射手座

妳的戀愛運

妳充滿熱情，一旦戀愛之火升起時，則一發不可收拾。

妳不善於用理性壓抑情感，雖然努力想要隱瞞燃燒情愛的心情，但卻被他人一眼看穿。

由於妳具有這種激烈的戀心，一旦將

對方視為戀人時，就會傾注妳的熱情。雖然自知這種任性的表現要不得，但卻又難以控制自己熾熱的情感。

因此，甚至有可能會產生違背倫常的戀情。但是，當自己的感情燃燒到某種程度以後，只要確認對方的心情，自己也會感到心滿意足，不會想要糾纏他。認為即使分手，只要心意相連就夠了。這種戀愛，是最理想的，也許妳是一位相當彆扭的傢伙。

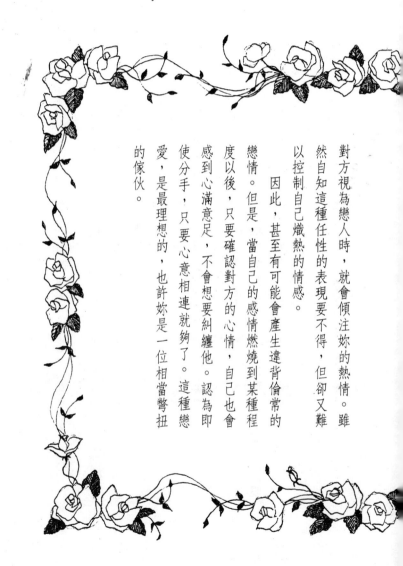

牡羊座的他與妳的戀愛相合性

★熱情易燃也易冷卻的兩人

好動的他，在各方面都頗能和妳配合，而且兩人都很活潑，所以會是一對快樂的戀人。

但是，兩人的熱情容易燃燒，也容易冷卻，可能會爽快地分手。他不擅長感受他人內心纖細的變化，所以，當妳對他抱持好感時，一定要坦然告之。

不過，最好由他先做出愛的告白。

金牛座的他與妳的戀愛相合性

★親手作禮物較能奏效

兩人的相合性很好。不論是奢侈的花費或興趣，都是一致的。

但是，兩人仍有相異之處，妳可能難以理解他那悠閒的情緒。而他在被妳催促時，也會不知道該如何是好。所以當兩人接觸時，妳最好要採取大而化之的態度。表示好感之後，還是要以悠閒之心等待他的回應。

雙子座的他與妳的戀愛相合性

★雖走羊腸小徑卻能持久交往

喜歡輕鬆談話的雙子座，也許會讓妳覺得不滿。雖然是走羊腸小徑，但兩人仍有可能長久交往下去。他喜歡享受富於知性的交往。

但是，他是一位光說不練的男性，所以在感覺難以相處時，最好由妳主動提出分手。她喜歡追求新的資訊，所以當妳若無其事地告訴他一些他所不知道的事物時，他會對妳產生好感。但是，妳絕對不能表現出「連這個東西都不知道」的嘲弄態度。

巨蟹座的他與妳的戀愛相合性　★努力維持關係

要使防衛心極強的他敞開心扉，或許不易。妳與獨占欲極強的他，看起來並不合適。起初，也許會覺得兩人很適合，不過，妳會慢慢地厭倦他那強烈的嫉妒心。如果無法找到共通的話題，就難以維持兩人的戀情。爲了持續兩人的關係，妳得付出更多的努力。

約會時，要若無其事地表現出自己的溫柔。

獅子座的他與妳的戀愛相合性　★他會成爲妳的好伴侶

對於將人生當成是藝術的妳而言，獅子座的浪漫，確實能夠吸引妳。大而化之的他，會成爲妳的好伴侶。

但是，妳必須要以略帶命令的語氣帶領著他。以豪華、具有豔麗色彩的約會吸引著他。他希望自己的戀人是能夠帶得出去讓大家欣賞的一型，所以妳要打扮亮麗，在飯店的大廳等待他。

處女座的他與妳的戀愛相合性　★不忘體貼之心

在他表現熱情時，你們兩人能夠快樂地相處。但是，隨著兩人逐漸進入更深的交往時，會發現雙方的缺點。

當他保持沈默時，妳不能跟他一樣默默不語，這樣會使表裡不一的他感到痛苦。此外，他的記憶力極佳，對於妳的體貼，他也會牢記在心。

因此，在他生日或情人節那一天，別忘了向他問候並送他禮物。

天秤座的他與妳的戀愛相合性　★小心他的風流

想要尋求知性與感情、人性與野性味混合的妳，對妳而言，天秤座確實是富於魅力的星座。爽快的他與熱情的妳，確實是頗爲合適的一對戀人。

但是，妳必須小心他的風流。交往的技巧，在於要製造豪華、富於美感的氣氛。最初，可以和其他的朋友在一起，如此有助於兩人戀情的發展。這時，如果擁有不會讓他覺得無聊的話題，他就會對妳抱持好感。

天蠍座的他與妳的戀愛相合性　★頗多不合之處

樂天派、經常言行矛盾的妳，對於執著的天蠍座似乎並不合適。兩人不合適的部分頗多。妳活潑、愛說話，他卻經常沈默寡言，雖然妳很在意他的感覺，但是妳過度積極的表現，只會造成反效果。

射手座的他與妳的戀愛相合性　★必須重視與他人的調合

喜歡追求自由氣氛的他，與妳相合性很好，能夠成爲最佳的伴侶。兩人都各自擁有多方面的興趣。

但是也會表現出任性的一面，故不要忘記重視與他人的調合。接觸時，要積極展開作戰。

畢竟兩人的相合性極佳，雙方要製造一個能夠了解對方的機會，就足夠了。要側耳傾聽他的意見。

山羊座的他與妳的戀愛相合性

★要努力接近他

以單純的眼光衡量藝術與學問的妳，和凡事都講求實際的他，不論在好、壞方面兩人都沒有共同的接點，因此，要努力地靠近他。

他那堅實、認眞的表現，可能很難與妳的感覺配合。但是，妳也不可表現得過度豪華、氣派，畢竟他欣賞安靜的女性，擁有體貼、溫柔之心的女性，才能夠吸引他。妳必須要了解他所說的事。

水瓶座的他與妳的戀愛相合性

★即使相愛也不願受束縛

服務精神旺盛的他，與妳的感覺頗爲吻合。妳深受爽快的他所吸引，而他對於充滿活力的妳，也抱持好感。在朋友或熱鬧的團體中，兩人較容易培養出愛情。

但是，即使相愛，也不要束縛他。對妳而言，觀賞運動比賽或欣賞音樂會等明朗的約會，能給妳好運。在吵雜中，如果他面露厭煩的表情，妳絕對不可嘮叨不已。他喜歡別人當他的聽衆。

雙魚座的他與妳的戀愛相合性　★感覺稍嫌不足

看起來能說善道，遇到狀況時卻運用情感來判斷事物的他，讓妳產生一股不可思議的魅力。

但是，兩人的相合性並不是很好。在他的眼中，妳缺乏考慮，過於富有冒險心，而妳對於只具有溫柔堅實性的他的愛，會感覺稍嫌不足。與他的約會，要盡量製造羅曼蒂克的氣氛。冒險的要素，絕對不可出現在他的面前。

♑山羊座

妳的戀愛運

完全不具甜蜜的氣息，是不善於利用言語和態度來表達自己想法的人。極端的害羞，與戀人獨處時，如果對方不主動領導妳，則會不知所措。

所以兩人之間會瀰漫一股停滯的氣氛，會讓對方覺得無聊。有時對方並沒有什麼想法，而妳自己過於優越的想法，反而會導致失戀。

可是，如果與妳邂逅的是一位年齡較長的瀟灑男士，則他可能深受妳天真浪漫的姿態所吸引，而戀愛成功。

年輕時，可能會遭遇慘痛的失戀打擊。但是，原本對於戀愛就畏縮不前的妳，隨著年齡的增長，逐漸能夠獲得穩重、幸福的愛情。

因此，如果沒有出現能夠牽動妳心弦的對象，則妳可能不會擁有戀愛的經驗。

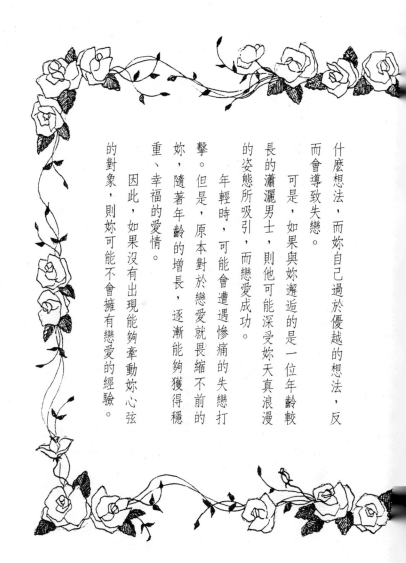

牡羊座的他與妳的戀愛相合性

★衝突不斷

會不斷追求新目標、燃燒熱情的牡羊座，會讓妳感到心灰意冷，原本兩人之間就存在著無數的衝突。

他具有強烈正義感，看起來像是一位強壯的男子，但欠缺耐性。而妳是屬於堅實派，兩人之間早已有所差距。

「想要保護弱女子」，這是他的心聲。因此，妳要率直地表現出女性柔弱的一面。他無法了解妳模稜兩可表達心意的方式。

金牛座的他與妳的戀愛相合性

★經濟觀念一致

溫柔的他能夠與妳快樂地相處，感覺很好。對於保守而又重視家庭的他而言，努力的妳，頗合他的意，同時，經濟觀念也一致。

能夠自然地相處在一起。對於不多話的妳，他認為妳很可愛，經常是無言勝有言。

雙子座的他與妳的戀愛相合性　★加入他的思考周期

不僅溫柔地與妳交往，也會溫柔對待其他女性的雙子座，如果妳不相信他，則兩人之間就無法協調。

原本頭腦靈活的他，與妳的生活步調就不一致。除了巧妙地加入他旳思考周期以外，別無他法。

妳不必表現過於積極，他擅長於追求女性，但卻不懂得被追求。不妨若無其事地邀約他去聽音樂會吧！

巨蟹座的他與妳的戀愛相合性　★在家庭面互相吸引

喜歡家庭氣氛的他，能夠與妳快樂地交往。

不過，兩人皆有頑固的一面，因此，吵架之後，妳必須主動提出重修舊好的要求。

此外，就算從第三者那兒聽到不好的傳言，也不為其所惑，一定要相信他。

兩人在家庭面的表現能夠互相吸引。只要讓他覺得「和他在一起覺得很穩定」，那就ＯＫ

了。

獅子座的他與妳的戀愛相合性　★衝突一起關係就趨於冷淡

外表看起來豪華的獅子座，內心深處卻極其頑固。妳頗欣賞他那傲慢及積極的表現，而他對於妳那優雅的氣質，也頗爲心動。

但是，兩人都擁有強烈的自我意識，一旦發生衝突，關係就會趨於冷卻，絕對不可就此不管。

一旦交往後，要研究他喜愛的服飾，並穿給他看。表現拘謹的態度，如此一定能夠討好他的。

處女座的他與妳的戀愛相合性　★他會接受妳的愛

纖細的他，一定會接受妳專注的愛。以若無其事的言語或態度體貼妳、鼓勵妳，是非常自然的一對戀人。

妳楚楚動人的氣質，會深深地吸引著他。擦肩而過時，髮香飄散，這是他最愛的一種女性。

天秤座的他與妳的戀愛相合性　★雙方會互相傷害

看似努力家，實際上容易流於偷懶的天秤座的本性，會讓妳感到失望。和具有八面玲瓏傾向的他，你們的相合性並不佳。

他認爲妳非常的堅實，卻欠缺融通性，交往愈深兩人傷害也愈深。

他喜歡享受戀愛，所以最好打扮入時，在快樂的氣氛中約會。有時，可以將自己扮演成像電影中的女主角那般地來吸引他的目光。

天蠍座的他與妳的戀愛相合性　★以信賴關係互相結合

做事認眞，看起來實際，但心中卻隱藏各種想法的妳，是以信賴關係與天蠍座的他結合在一起。兩人能夠同甘共苦。但是，個性相近的兩人一旦起爭執，會彼此嚴重地傷害對方。所以平時的溝通益形重要。

射手座的他與妳的戀愛相合性　★要有忍耐的覺悟

喜歡自由氣氛的他，的確與妳有很多不合之處。喜歡遊走四方，甚至行縱不明的射手座，會讓妳感到煩惱。如果妳沒有忍耐的覺悟之心，則兩人的關係就很難發展下去了。

如果雙方能夠互相尊重，則也算是很好的組合。

他最害怕正正式式的戀愛，故不妨以觀賞球賽爲藉口，輕鬆地邀約他，兩人一起爲選手加油，就能提升親近感。

山羊座的他與妳的戀愛相合性　★能夠成爲好伙伴

愼重的他與妳，雖然並沒有豪華氣派的感覺，但卻瀰漫著沈穩的氣息，會成爲好的伴侶。擁有共通的高目標，兩人攜手共同努力，因而也會成爲好的伙伴。不過，有時可能只注意到兩人世界，這一點需要注意。

想要順利交往，則需要慢慢地前進。如果突然邀約他，則會讓他起戒心。起初，最好和朋友一起去喝茶或用餐，然後再參加團體的聚會，最後才成爲兩人獨處……。不要焦躁，這是秘訣所在。

水瓶座的他與妳的戀愛相合性　★有被玩弄的感覺

他是能夠教妳人生與戀愛快樂的方法之人。妳深受他的吸引，但是，和處事技巧高明的他，並不是好的相合性。

妳的愛堅實、認真，而他卻是非常的任性，因此，妳會有一種被玩弄的感覺。

首先，要仔細觀察他，讓他教導妳他最感興趣的事情。過於體貼他，可能會讓妳留下悲傷的回憶。一定要留有餘地來互相交往。

雙魚座的他與妳的戀愛相合性　★很好的戀情

對於自己喜愛的人，會傾注所有愛情的他，與妳的相合性極佳。妳能夠了解他心中的穩定情愛，而他也只愛妳一個人。這是能夠隨妳意思發展的戀情。妳可以溫柔地領導他。

他並不喜歡過於現實的女性，故一定要斷然表演浪漫的愛情。要專心聆聽他所訴說的夢想，並表現出妳對他的信任。

♒水瓶座

妳的戀愛運

妳大而化之，與其說愛一位男性，還不如說愛所有男士，是擁有博愛精神的人。

因此，為一個人而燃燒愛火，甚至傾注生命去愛的戀情，與妳是無緣的。

與其說是重感情的愛，還不如說是重

視友情的氣氛，喜歡這種爽快的愛，會盡量與他人協調。

不會糾纏對方不放，而自己也不喜歡受到束縛，不欣賞對方緊迫盯人的愛情。

外表上看來，好像是熱戀中的女人，事實上，妳只是在配合對方的熱情度罷了。

此外，具有自立心，個性乾脆。

因此，會有他是他、我是我的明確態度表現。

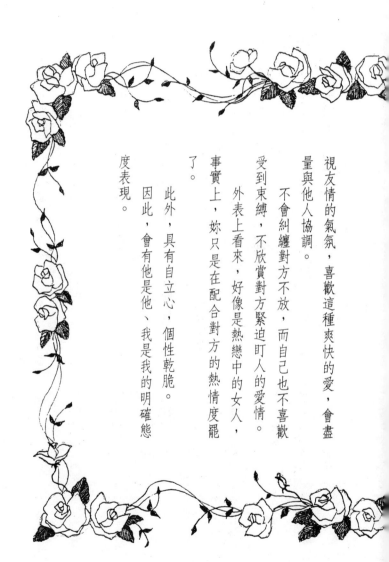

牡羊座的他與妳的戀愛相合性 ★是好的對象

能夠給妳新的啓示，使妳的思想具體化的他，可以成爲妳的好伴侶。但是，他的愛情表現率直，會讓妳認爲缺少趣味性。

只要興趣相投合，就能夠順利地交往。爲了強調妳優秀的感覺，盡量利用一些有趣的最新資訊。

此外，收集一些他感興趣的資訊，並且讓他知道，這也是很好的。

金牛座的他與妳的戀愛相合性 ★略有困難

工作熱心、追求穩定生活的他，是與妳稍難相處的相合性。雙方任性、容易產生衝突。除了妳配合他的步調之外，別無選擇的餘地。

他的目光，絕對不會放在倔強女性的身上。

與他四目交投時，一定要面帶微笑；同時，在生日時要送他禮物，這些都是有效的作戰方式。最好選擇美感十足的禮物送他。

雙子座的他與妳的戀愛相合性　★享受如遊戲般的戀愛

兩人都追求知性談話的樂趣，是溝通良好的一對。能夠持續冷靜的交往，享受如遊戲般的戀情。

重點在於由他主動追求妳。當他輕鬆地邀約妳時，有時候妳可以回答說：「我有 約會……」讓他著急。必須重視知性的印象。

巨蟹座的他與妳的戀愛相合性　★感覺呼吸困難

對於自己所愛的人，擁有強烈的佔有欲的他，有時會讓妳覺得呼吸困難。可能他只注意到妳或家人，忽略了與朋友之間的交往。

重點在於妳必須要了解他的心情，盡量陪伴在他的身邊，努力找出兩人之間共通的話題。總之，接近他是先決條件。

獅子座的他與妳的戀愛相合性　★在人前不可掉以輕心

妳被他那男性化的態度深深地吸引，而他對於妳那楚楚動人的感覺，也深具好感。

但是，驕傲的獅子座，不喜歡妳在人前對他掉以輕心。一切由他主導。讓他對具有美感的妳留下印象。多費點心思，佈置豪華的氣氛。打扮時髦也是重點。若無其事地穿戴一些名牌衣物。

處女座的他與妳的戀愛相合性　★容易受傷

妳太容易傷害到處女座的他了。具有綿密計畫性的他，有時無法追隨妳的構想與行動。妳不經意脫口而出的一句話，都可能令他悲傷不已。

在戀愛方面，他是一位講求羅曼蒂克純情派的人，追求符合他理想的戀愛。要從若無其事地示好開始，絕不可一味地強調自己的意見，態度要柔軟一些。

天秤座的他與妳的戀愛相合性　★能夠爽快地交往

重視常識的他，能夠爽快地與妳交往。能夠在工作或興趣上一同享受。兩個人都能讓對方產生好感。

不過，必須注意的是，他有點風流成性。可以從普通的日常會話開始，慢慢地接近他，藉由談話展現妳的知性，如此一定能夠打動他的心弦。

妳也可以主動出聲向他打招呼，他喜歡時髦的女性。

天蠍座的他與妳的戀愛相合性　★困難的相合性

富於神秘魅力的天蠍座，妳不知道他的心裡到底在想些什麼，因此，妳或許會感到惶恐。兩人之間，可以說是屬於困難的相合性。

妳對於他那富於耐力的態度，有時會難以忍受，而他也無法接受妳的開放個性。雙方都很在意小事，重點在於要謹慎傳達意見。盡量表現沈默寡言的一面，他喜歡默默追隨他的女性。

射手座的他與妳的戀愛相合性　★能夠快樂的交往

喜歡遊玩且熱愛自由的他，能夠與妳快樂地交往。

他可以教導妳一些國際感覺，帶妳嘗試一些新的活動，妳可以從他那兒得到很多的資訊。他的行動力，能夠擴展妳的世界。

但要注意的是，他擁有喜新厭舊的個性。

山羊座的他與妳的戀愛相合性

★步調不合

默默耕耘，將野心隱藏於內心的山羊座，在步調上，大而化之的妳與愼重派的他，有很大的差距。

如果雙方都能夠爲對方考慮，就能夠和睦相處。可是，慢慢地就會發現，原來相愛容易相處難，會成爲極端彆扭的愛。

慢慢地討好他，是秘訣所在。如果兩人站在同樣的工作崗位，則不妨爲他泡壺好茶，他一定會十分感激。

水瓶座的他與妳的戀愛相合性

★他是訴說夢想的好對象

享受討論之樂，訴說人生的夢想，則他是最佳的對象。兩人都很重視遊玩的感覺，能夠一直保持新鮮感地交往下去。

可能會爲一些小事而爭論，但不久之後就會握手言歡。最好當成朋友，保持對等關係。對於妳的提議，他會豎耳傾聽。

雙魚座的他與妳的戀愛相合性

★妳能允許他撒嬌嗎

表現神經過敏的雙魚座的感情起伏，會讓妳感到迷惘，但又深受吸引。

你們兩人都是理想家，但是妳的理想較爲實際，而他只重視羅曼蒂克的感覺。如果妳願意配合他的夢想，兩個人能夠相處下去。可是，如果他的撒嬌是妳的負擔，則兩人的關係就無法持久了。不斷地給予他體貼與微笑，才能夠擁有幸福。

♓ 雙魚座

妳的戀愛運

妳是略帶憂鬱、具有人情味、擁有溫柔之愛的人。

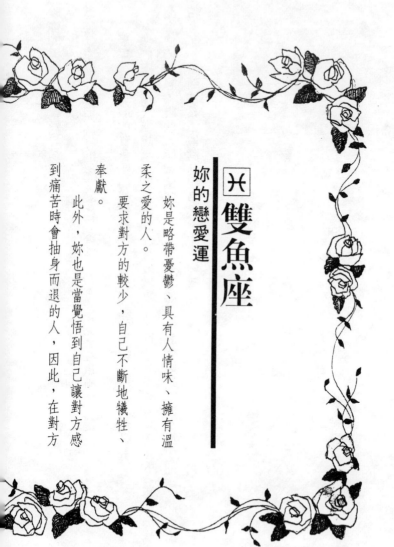

要求對方的較少，自己不斷地犧牲、奉獻。

此外，妳也是當覺悟到自己讓對方感到痛苦時會抽身而退的人，因此，在對方心中會留下美麗的回憶。

即使戀愛是悲傷地結束，妳也無怨無悔。

妳重視戀愛的過程，會傾注自己的愛於自己所愛的人身上。

結果，妳就能夠擁有一個明朗、充滿希望的人生。

容易感動、富於同情心，不僅是對戀愛的對象，對其他感到困擾的人，也會發揮的犧牲心，具有體貼之心。

但是，容易付出情感，容易沉溺於戀愛中，這一點令人擔心。

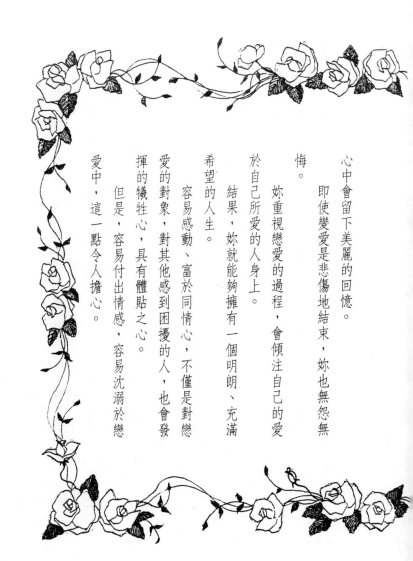

牡羊座的他與妳的戀愛相合性

★誇張地反應他的好意

兩人都是浪漫主義者，但是，浪漫的種類不同，他是屬於行動派的浪漫主義者。如果妳能夠配合他，則兩人的相合性極佳。

總之，他對妳示好時，妳可以有誇張的反應。他無法抵擋對他有極高評價的女性。此外，妳要溫柔地接受牡羊座的焦躁，絕不可讓他等待。

金牛座的他與妳的戀愛相合性

★了解他強烈的佔有欲

在藝術與經濟上皆可期待的金牛座，與妳的感情是一致的。妳對於他穩重、溫厚的人品感到安心，而會傾注愛情。

妳的愛是給予的愛，而他也能夠充分回應妳的愛情。

重點在於妳要了解他那強烈的佔有欲。要以一貫的笑容對待他。禮物戰略也能夠奏效。不過，親手作的禮物，要能夠讓他感動。

雙子座的他與妳的戀愛相合性 ★不合適

根本不顧妳或家庭，而忙著與朋友交際應酬的雙子座，與妳的相合性不良。

在生活上不斷尋求變化的他，不喜歡執著於同一事物上，當妳想靜靜地訴說愛的時候，他可能有逃之夭夭的傾向。

剛開始妳還能夠忍耐，但是漸漸地就會湧現孤寂感。

如果想要繼續交往下去，則有時候像個處女，有時候像個壞女人……。擁有各種面貌的妳，才能夠鎖住他的心。

巨蟹座的他與妳的戀愛相合性 ★他會守護著妳

能夠告訴妳人生與愛之樂的巨蟹座的他，與妳是好的相合性。他擁有豐富的情感，會守護著妳。而妳在他情愛的包容下，一定會得到幸福。

可能會成爲過度以自我爲主的一對戀人，但是，除此之外，別無不足。

若要順利地交往，首先要傾訴他溫柔的話語。重視他的體貼，表現妳溫柔的一面。

絕對不可輕鬆地與其他男性交談，因爲他是個醋罈子。

獅子座的他與妳的戀愛相合性　★有時要說NO

具有領導力，經常自信滿滿的他，是可以倚賴的。不過，相反的，有時妳會因爲他的任性而哭泣。

雖然他能夠給妳有如戲劇般的戀情，但是他卻會命令妳。有時妳要說NO。經常要奉承他。

此外，他喜歡注重豪華氣氛的女性，因此，裝扮亮麗也是重點。穿著流行的名牌服飾，讓他感受到女性的魅力。

處女座的他與妳的戀愛相合性　★浪漫的一對

在工作上充滿幹勁的他，在戀愛上是屬於純情派，而妳也擁有豐富的愛情，是非常浪漫且會令人發出會心微笑的一對戀人。

此外，他的深思熟慮也能夠幫助妳。妳要讓他知道妳對他體貼入微之心，以行動表現出來。

他的神經纖細，妳要注意自己的言行舉止。要重視清潔感，自然化妝。

天秤座的他與妳的戀愛相合性 ★逐漸出現裂痕……

美麗、洗練的天秤座，保持吸引著妳。懂得戀愛技巧、個性瀟灑的他，使妳抱持很多的憧憬。

但是，對任何人都喜歡表現八面玲瓏的他，對於只希望對方注意到自己的妳而言，可能兩人之間會漸漸地出現裂痕。

兩人的感情不順利時，不妨邀約他參加音樂會或展覽會。由於兩人都具有敏銳的美感，故可利用美術與音樂等共通的話題，使感情更進一步地發展。

他並不喜歡過於訴諸感情的做法。

天蠍座的他與妳的戀愛相合性 ★會步向地氈的另一端

燃燒熾熱的戀情的天蠍座的他，深深地吸引著妳。兩人的相合性極佳。

他會溫柔地跟隨著一直追逐夢想而容易迷惘的妳，兩人極可能步入結婚禮堂。

在他的面前，妳會扮演一位穩重的女性的角色。即使兩人有多麼的親近，也要保留一些無法讓他看到的部分。

因為他對於隱藏的秘密，難以抵擋其魅力。

射手座的他與妳的戀愛相合性　★不相信他就會結束戀情

具有浪漫與哲學感的他，的確能夠吸引妳的注意。富於行動力的他與行動慎重的妳，似乎相合性不良。

如果能夠互相顧慮對方，情況還好，但一旦出現不滿時，後果就不堪設想。如果妳不相信他，戀愛即告結束。妳需要了解他的步調。儘管妳能獨自在那兒哭泣，他也不會理妳的。

他喜歡個性爽快率直的女性，最好採取運動等活動型的約會。

山羊座的他與妳的戀愛相合性　★避免積極的接觸

富於誠意、忍耐力和人生設計的山羊座，能夠讓妳感到安心。他也是值得妳依賴而能夠完成夢想的對象。

妳那溫柔、體貼之心，也能夠感動他。

但是避免積極的接觸，向他示好是很重要的，但是，他並不欣賞會立即對自己訴說愛意的女性。

雙方要建立共通的興趣，盡量製造共處的時間，藉此培養兩人之間的愛情。

水瓶座的他與妳的戀愛相合性　★能夠享受戀情的一對

兩人都有旺盛的服務精神，是能夠享受快樂戀情的一對。不過，他善於交際，也許是兩人爭執之因。

如果他未與妳商量就擅自與朋友交際，或許會讓妳傷心。好奇心強的他，對於新的資訊極感興趣，因此，妳要擁有廣泛的資訊，建立兩人之間共通的話題。

此外，他好議論，如果妳能成爲他討論的對象，那就更具效果了。但是，他不喜歡以情緒化的方式表達意見的女性。

雙魚座的他與妳的戀愛相合性

★寫信較打電話更有效

對於想要追求浪漫愛情的他而言，兩人會追逐共通的夢想，但或許會覺得生活感不足……。

如果相信兩人將來的幸運與不變之心，就會將任何痛苦化為喜悅，具有很好的相合性。可送給他妳喜歡的詩集或書來傳達自己的心境，也可以附上可愛的卡片。顏色方面，勿選擇濃色，以清淡色彩為宜。

4 妳的婚姻運與工作運

牡羊座

婚姻

★賢妻良母度65%

能以獨立的個性建立明朗的家庭

一旦想到「要與他結婚」，就會推著對方，朝婚姻的終點前進。

年輕時可能戀愛多次，不會去猜測對方，而會率直地將自己的心情表達給對方知道。牡羊座的女性，可以說是採用「追求」方式來談戀愛的人。

但是，並不是說這個戀愛就一定會結婚。由於自己的情緒往往會使對方產生壓迫感，因此，有時可能會成為苦戀而結束戀情。因此，偶爾也可以享受一下「被迫的戀愛」，也許這樣才能為牡羊座的女性帶來幸福的婚姻。

相合理較佳的星座為火宮（牡羊座、獅子座、射手座）及風宮（雙子座、天秤座、水瓶座）的男性。美麗的戀情之後，就能夠敲響結婚的鐘聲。

只要是能夠互補雙方的缺點的兩個人，就能夠建立圓滿的家庭生活。

婚後的妳，能夠發揮牡羊座獨特的本質，建立一個具有明朗個性的家庭，不拘泥於任何形式，每天悠閒地過日。一旦受到常識的壓迫而會不知所措的妳，如果採同居的方式，則會因為害怕得不到他或父母的了解，而不敢付諸行動……。

此外，無法一心兩用，因此，工作與家庭難以兩立。

工作 ★女強人度95%

富於戰鬥力，適合工作

對於工作非常實際，且具有穩定的目的意識，這種牡羊座的熱情，光是藉著單純的作業或辦公桌的生活，是無法燃燒殆盡的。

頭腦清晰，充滿體力的星座，適合從事如下的職業。

醫生、護士、空姐等。

在女性難以出頭的建築設計或機械、工學方面的工作，牡羊座的韌性，也能夠成為絕佳的武器。

此外，從事與廣告或出版事業有關的工作，也可以展現女強人的姿態。

相反的，在女性職員只被視為端茶、倒水存在的公司，或刻板的公家機構等工作場所，並不適合妳。

請選擇能夠充分發揮牡羊座力量的工作。

金牛座

婚姻

★賢妻良母度90%

懂得家計的妻子

對女性而言，結婚生子是最幸福的事，這也是金牛座女性的想法。一旦愛上一個人，就無暇顧及他人，所以戀愛經驗並不多。

當然進入家庭之後，也會努力做好一位家庭主婦。從烹調、洗衣、育兒到住家設計等，都頗有一套。

對於前來拜訪的友人或丈夫的同事，都會熱心招待。

「我覺得自己無法扮演一位稱職的家庭主婦。」不要沒有自信，只是妳的才能尚未甦醒而已。問題只在於妳是否願意去做。

如果金牛座女性的家庭出現問題的話，可能是妳熱心過度，造成「我只是想這麼做而已……」，給予家人些許的壓迫感。一些自稱是懊惱的妻子或母親，就是這一型的女性。金牛座的女性一旦到了此等地步，由於能力無所發

揮，就會突然喪失幹勁，甚至開始對家庭不屑一顧了。因此，妳要自我反省，要以積極的態度來面對。

具有這種性格的妳，可以選擇如下的結婚對象，例如，屬於地宮（金牛座、處女座、山羊座）及水宮（巨蟹座、天蠍座、雙魚座）的男性較適合妳。對方能夠巧妙地支持妳，成爲能夠了解妳的人。

工作

★女強人度70%

在藝術面能展現獨特的感性

五感都十分優越的金牛座，對於所聞所見的事物非常敏感，是美的意識極強的星座。

適性也在於此，與音樂、美術、衣、食、住、行、調理、手藝、室內設計有關的工作，都很適合妳，能夠充分發揮妳的美感。

此外，也適合從事與「聲音」有關的工作。重點在於歌唱或談話的職業，像歌星、女主持人、廣播員等，都很合適。

表現力豐富的妳，成功率極高。

反之，講求速度的工作，較不適合於妳。同時，內容枯燥的職業，會讓妳缺乏幹勁，產生不快感。

這些職業，都無法展現金牛座的能力。

雙子座

婚姻 ★賢妻良母度93%

堪稱職業主婦的超級媽媽

單身時代的雙子座女性，經常會想去發現新的戀情，是戀愛豐富的女性。

這樣的妳，一旦結婚之後，卻會安穩地守在家庭裡。內心深處，只想早點進入家庭，讓自己穩定下去。

身爲主婦的妳，可以說是職業婦女。不論是家事、育兒、建立良好的家庭或照顧家人等，都會不遺餘力地扮演一位好主婦。一定能夠創造一個舒適的家庭。

不過，略微以自我爲主的雙子座，如果要與丈夫的父母同居，就必須注意了。

如果光是依自己判斷來行事，可能會與公婆對立。

能夠享受毫無隔閡的戀愛之樂的男性，例如，風宮（雙子座、天秤座、水瓶座）的男性，會將愛情的箭射中妳的心坎，並且會與妳步向婚姻之路。

然而，對於忽冷忽熱的妳的心態，經常能夠傾注熱情的火宮（牡羊座、獅子座、射手座）的男性，頗適合妳。婚後，他們能夠給予妳各種刺激，使妳經常都是充滿著欲望。

在尚未遇到理想對象之前，絕對不會妥協的妳，不妨選擇以上的男性做爲伴侶。

工作　★女強人度95％

從事走在時代尖端的大衆傳播關係事業

容易厭倦、頭腦靈活的雙子座的記憶力、知識的吸收力，都十分的優秀。此外，也富於創造性與豐富的構想，這一點和風的星座（雙子座、天秤座、水瓶座）十分類似。

其能力，能夠於走在時代尖端的大衆傳播關係事業上開花結果。例如，出版、編輯等需要文章力的工作、重視構想的廣告業界，都頗適合妳。也可以斷然地向說話的工作、播音員、DJ挑戰力活躍的場面很多。

此外，能夠成爲指導者的雙子座，也能夠充分發揮自己所長。例如，老師、補習班講師等工作，對妳也很適合。能在學生時代取得某些資格，也是很好的。一定能夠找到發揮所長的工作。

巨蟹座

婚姻

★賢妻良母度97%

十二星座中最優秀的妻子

沒有比巨蟹座的女性更適合走進家庭的人了。與生俱來就擁有豐富的母愛，因此，能夠建立一個良好的家庭。同時，也會熱心地養育子女。

能夠給予家人休憩的場所，創造一個舒適的家庭。

這樣的巨蟹座女性，在家事料理方面，十分拿手，尤其能做出美味佳餚，一點也不輸給餐廳師傅。菜單富於變化，餐桌經常都有豐富的美食，眞是優秀主婦的典範。

同時，能夠得到丈夫、朋友好評的巨蟹座女性，懂得奉承他人的方法，注意細節，熱心地製造美味佳餚款待朋友，的確是一位賢妻良母。

但是，如此的巨蟹座女性，也有其缺點。會將一切情愛傾注於家庭，有時熱情過度，需要注意。一旦自己的愛讓家人愛到束縛時，會起反抗之心……。

因此，必須控制自己的感情。不僅是家庭，也要將視野擴展到社會

與妳較搭配的男性是水宮（巨蟹座、天蠍座、雙魚座）的人。此外，地宮（金牛座、處女座、山羊座）的男性，也與妳有共通點。

工作 ★女強人度65%

最適合生活化的職業

巨蟹座在「職業」上，並不是有特別的才能，但並不是說什麼事都不能做。什麼事都做得很好，這樣不是太平凡了嗎……也許有些人會發出不滿的牢騷。不過，既然什麼事情都能夠做得很好，反過來說，對於任何事情，也都會抱持關心度。

那麼，到底什麼樣的工作場所，才能夠發揮巨蟹座的能力呢？最適合的，即是「生活化」的職業。例如，經營餐飲業的服務業等。

此外，對於每天生活能夠產生啓示的處理構想商品的工作場所，也很適合。不過，重點是要選擇能夠考慮到女性立場的公司。

獅子座

婚姻

★賢妻良母度75%

只要節制物欲即可擁有穩定的生活

「只要喜歡他而已，不見得就得嫁給他」，與其他星座相比，過於實際的獅子座女性，雖愛對方，卻會考慮他的社會地位或婚後的生活狀況。由此意義來看，相親結婚的獅子座女性並不少。

但是，這個想法並不是「眼光高」，妳自己也會努力配合他，並且體貼他，這就是獅子座妻子的長處。

適合妳的星座，包括熱情如火、喜歡豪華氣氛的火宮（牡羊座、獅子座、射手座）的男性，能夠傾聽妳的夢想與希望。兩人擁有一致的想法。此外，風宮（雙子座、天秤座、水瓶座）的男性，也是合格的星座。

獅子座的女性大而化之，個性爽朗，所以婚後能夠建立幸福的家庭。但是，不可忘記，妳的婚姻一定要得到周圍的祝福。一旦決定結婚，如果有人強烈地表示反對，則就要仔細考慮了。對獅子座的女性而言，能夠得到衆人祝福的婚姻，才能夠爲妳帶來更多的幸運。

物欲極強的獅子座，如果不能好好計畫經濟，後果就令人堪憂了。當然，過於拮据，也可能會反過來大大揮霍一番。所以，凡事要求取平衡，這是很重要的。

工作 ★女強人度85%

能夠給予他人感動與喜悅的工作

獅子座不服輸，非常的努力，且充滿自信。就算只有自己做不到，也會堅持到底，不輕言放棄，同時告訴自己一定做得到。這一型的人大部分的事情都難不倒她。

眞正踏入社會以後，不論適性爲何，在任何領域都會全力以赴。

但如果能夠知道自己合適的領域，則工作起來較爲輕鬆，且能夠順利地發展下去。獅子座的適性，是較適合從事能夠給予人感動與喜悅的工作。例如，舞台、表演、插圖畫家、設計家等與藝術有關的工作。另外，與休閒娛樂有關的工作，也十分合適。在知識範疇的工作上，也能夠開花結果。

獅子座只要充滿自信，就能夠將事情做得很好。因此，最重要的，即是要不斷地努力。

處女座

婚姻 ★賢妻良母度88%

工作與家庭能兼顧的優秀女性

對於男性評價較嚴的處女座女性，會慎重地選擇戀人或結婚對象。處女座原本就具有潔癖，且容易擔心，器量較小，在戀愛面也會受到影響。

在這些條件下，溫柔、體貼的男性，才算合格。同時，經濟餘裕也是必要條件。

現實是很殘酷的……事情的發展並不順利……。這種事情是不會出現在處女座女性身上的。如果能夠牢牢抓住具有優厚條件的男性，那就太棒了。

以星座而言，適合的星座是地宮（金牛座、處女座、山羊座）的男性與水宮（巨蟹座、天蠍座、雙魚座）的男性。他能夠溫柔對待妳纖細的心靈，是情投意合的伴侶。

婚後的處女座女性，在家事的表現上十分能幹。由於個性認眞，因此對於料理家事、照

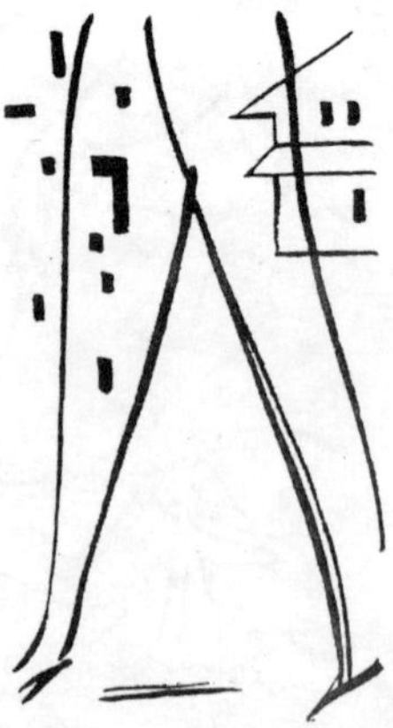

顧丈夫及孩子的將來等，都會逐一地實現這些美夢。

對於婚後的工作，我有個建議，那就是處女座的女性，如果什麼也不做的話，就會成爲一個平凡的家庭主婦。

如果情況許可，最好找個工作，如此在婚後才能夠擁有充實的生活。

工作 ★女強人度80%

能夠活用資格與特殊技能的專門領域

頭腦聰明的處女座，適應能力超群，從一般事務到需要特殊技能的工作與藝術面，都具有很好的能力。

在職業選擇上，範圍較廣。能夠讓處女座女性一展長才的，就是能夠運用資格與特殊技能的專門領域。

會計師、衛生師、營養師、運動指導員等皆是，能夠發揮妳的才幹，有所表現。

但是，處女座的妳，只能夠做好自己的工作，超乎必要以上的工作，例如，當成領導般的存在、進行集合人才的工作或大家互相競爭的工作，這些工作會給妳造成沈重的負擔，使得工作進展不順。而且，妳難以抵擋壓力，故最好選擇一個較適合自己的工作場所。

天秤座

婚姻 ★賢妻良母度72%

壓抑虛榮心卽可享有美好的家庭生活

與其他星座相比，美的意識較高的天秤座，經常只有外表來選擇結婚的對象。一看到俊男，就渾然忘我了。

由於是具有豐富社交性的星座，因此，甚至在婚前之日，乃和許多男性交往，所以應該要培養能夠觀察內在的眼光。

天秤座女性的結婚對象，以風宮（雙子座、天秤座、水瓶座）的男性最爲合適，是感覺契合的對象。喜歡刺激的妳，選擇火宮（牡羊座、獅子座、射手座）的男性，婚後也能夠享有刺激的生活。

婚後的天秤座女性，能夠創造一個如詩畫般幸福的家庭，發揮自己的社交性，使丈夫毫不勉強地出人頭地。善於與鄰居交往，得到周圍良好的評價。

不過，由於「愛慕虛榮」，可能會揮霍金錢……。勿以低次元的方式判斷事物，這一點需要注意。

天秤座女性最大的弱點，即是風流。富於社交性是很好的，但是，不要過於被氣氛所迷惑。可能會因爲暫時的外遇，而失去寶貴的家庭，要經常提醒自己。

工作

★女強人度60％

適合需要美感的工作

雖然具有很好的能力，但是不肯多付出努力。坦白說，天秤座的人是怠惰者。根本不曾想過要「努力出人頭地」。在工作上也缺乏幹勁。

就算會擁有一些幹勁，但也只有三分鐘熱度而已。

爲各位列舉一些天秤座女性能夠發揮力量的職業，例如秘書、模特兒。具有美感的天秤座，在這種洗練的工作場所，會充滿幹勁。妳的美感，能夠得到上司的信賴。此外，追求女性美健康的職業、美容、服飾等工作，也頗爲適合妳。

重點置於精神方面，因此，只要是適合自己興趣的工作，除了前述所列舉的職業之外，也一樣能夠展露妳的才能。

天蠍座

婚姻 ★賢妻良母度95%

以深情體貼家人的賢妻良母

十二星座之中，情愛最深的天蠍座，不會談廉價的戀愛。

會充分觀察對方，了解對方之後，才熊熊燃燒愛情的火燄。

當然，也會愼重地選擇結婚對象，「我會把自己的一切交給他，我願意爲他而辛苦」，讓她有這種想法的人，才有可能成爲她的結婚對象。可能和自己所愛的男性長時間交往之後，才能夠走向婚姻之道。

天蠍座的女性，結婚後，的確能夠成爲一位賢妻良母。善於理家，也會熱心地教育子女，不單只是教育媽媽，也能夠讓孩子的才能與個性得到伸展。能夠給予丈夫休憩的場所。這樣的妳，會以家庭爲中心，逐漸擴展幸福圈。

會讓妳的婚姻生活出現陰影的，那就是妳認爲丈夫並不是值得尊敬的人。從這想法出現的剎那間，每天的生活就開始變調，最後愛情也會變淡，可能導致離婚的結果。

由此意義來看，能夠左右妳感情的，就是地宮（金牛座、處女座、山羊座）與水宮（巨蟹座、天蠍座、雙魚座）的男性。

一定能夠建立安詳和平的家庭。

工作

★女強人度80%

與能夠表現自我的工作有緣

天蠍座是一位多才多藝的人，但是隱藏於內在，就如同「有能力的老鷹都是藏爪子」一樣，妳就是這一型的人。但是，遺憾的是，一旦天蠍座對於一件事情產生難以對付的意識時，幾乎就會不顧一切了。

事實上，一些妳認爲難以應付的工作，卻與妳有緣。

妳的個性小心謹慎，不易與人相處，因此，較適合樸實的工作。

從這一方面來考慮適當的職業，則不妨選擇能夠表現自己的播音員或ＤＪ等能夠於人前說話的工作。

相信妳在這方面所隱藏的才能，就會慢慢地發揮出來。

此外，因爲具有強烈的探求心與研究心，故也適合從事專門研究的職業，在學問或科學研究上，能夠將這方面的才能發揮得淋漓盡致。

射手座

婚姻 ★賢妻良母度79%

擁有工作才能夠得到充實的婚後生活

射手座的女性，其愛之形就如同射手之名，像箭一樣，會對所愛的人傾注熱情。

能夠率直地接受這種愛的是火宮（牡羊座、獅子座、射手座）與風宮（雙子座、天秤座、水瓶座）的男性，是非常合適的結婚對象。

但是，射手座分為早婚與晚婚兩種極端的型態。幾乎都是燃燒熱情而結婚。不過，一旦忙於工作，錯過時機，可能會晚婚。能夠在社會上嶄露頭角的女強人，多半為射手座的女性。

婚後的射手座，情況又是如何呢？與年輕時像隻無頭蒼蠅似的行動，截然不同，是一個適於家庭的賢妻良母。照顧丈夫，也能得到丈夫同事良好的評價。雖然並不善於料理家事，但卻會不斷地努力。

然而，原本就不是安於家庭生活的人，如果婚後不工作的話，就無法紓解壓力。因此，最好打個工，藉此紓解壓力，並使家庭溝通得以順暢。

工作 ★女強人度90%

重點不在於收入而在於有興趣的工作

會不斷追求感興趣事物的射手座，是屬於集中型。選擇職業時，要注意到這一點。

如果是妳願意去做的工作，就會徹底去學習必要的知識或技術，會比他人付出更多的努力。射手座並不在意收入好的工作，如果認爲不正當或不感興趣的工作，就算是得來不易的工作，也會放棄。因此，要徹底思考自己想要積極從事的工作。

這樣的射手座，適合找能夠讓自己感覺到知性的工作。例如，學問、教育、出版、法律或醫學等。

另外，身爲努力家的射手，也適合從事與運動或宗教有關的工作。

山羊座

婚姻

★賢妻良母度85%

樸實能夠建立理想家庭的人

山羊座女性的愛，可用「誠實」兩字來形容。對於自己所愛的人，更是如此。

一度燃起戀愛之火，火燄會不斷地燃燒。雖然專心一意對待對方是很好的，不過，在婚前，最好以輕鬆的心情來談戀愛。

建議妳還是多研究一下男性，培養冷靜觀察男性的眼光。

誠懇的山羊座女性，結婚以後會建立一個溫暖的家庭，也會好好地教育子女，是個性穩重的人，任何事都能迅速地處理，周邊人都會誇獎她是一個賢妻良母。當然，其中也包含對妳的嫉妒與羨慕在內。有些人會說妳過於嚴肅、認眞、不易相處，但妳不要過於在意，因爲這也算是妳的優點。

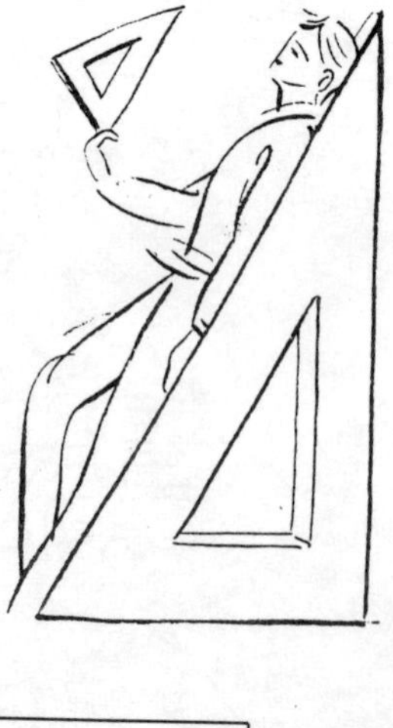

能夠領導山羊座的女性、建立幸福家庭生活的理想男性是地宮（金牛座、處女座、山羊座）的男性，以及水宮（巨蟹座、天蠍座、雙魚座）的男性。前者是與妳的目標一致，攜手前進的對象；後者因爲感情豐富，而能夠給妳夢想。

工作 ★女強人度85%

認眞的個性適合精細的作用

不具融通性、頭腦稍微頑固的山羊座，責任感太強，過於認眞，因此，對於所給予的工作，能夠確實地完成。當然，也能夠得到社會的認可，得到周邊人的信賴，上司也會對妳抱持期待之心。

適合從事較篤實的工作，像經理、會計、公務員、醫學、藥學方面等，一般的事務也OK。但是，看似與這些工作性質完全相反的演藝事業，也行得通。

在此，給妳一個能夠提升工作運的建議，那就是在工作場所要擁有親切心。要經常照顧他人——如此一來，即使給予人篤實、嚴肅的印象（事實上，有這樣的表現），也擁有良好的人際關係。

水瓶座

婚姻 ★賢妻良母度75%

以朋友的感覺建立夫妻生活

水瓶座的戀愛，經常都是他朋友關係開始的。常常會以對等的方式來和男性相處，強烈希望對方的想法與理想和妳一致。

這種想法，即使到了婚後也不會改變。經常站在與丈夫相同的水準上來考慮事物，自己也會配合丈夫的步調，不斷地提升自我。

當然，喜歡社交這一點，並沒有改變。不會建立一個氣氛晦暗的家庭……，會建立一個明朗的家庭，朋友到家中做客，會感覺無拘無束，追求開放的氣氛。

婚後的水瓶座，要避免以個人的判斷來處理事物，否則在與婆婆同住的情況下，摩擦不斷，同時，也要配合身邊人的步調，聽從他人的意見。

適合的結婚對象，是與水瓶座女性具有同樣觀點的風宮（雙子座、天秤座、水瓶座）的男性。另外，想要追求戲劇化人生的妳，較適合和火宮（牡羊座、獅子座、射手座）的男性結婚。

工作 ★女強人度90%

創造性與工作則OK

水瓶座的適性能力廣泛，容易適應環境，能夠從各個範疇中得到獨特的技術，產生新的發現或獨特的構想。同時，其才能也會得到周圍人生的認同。

最適合妳的，即是創造性的工作。例如，企畫、開發、藝術等，能夠包容自由發想的工作場所，是最好的。縱使金錢運不佳，但是水瓶座的女性重視自己感興趣的工作。

只要是自己喜歡的工作，就會忠於自己的職守。與生俱來就擁有才能，再加上努力的話，能夠展現更大的效力。偶而也會看到忽略才能、掉以輕心的水瓶座女性，可不要看走眼了喲！

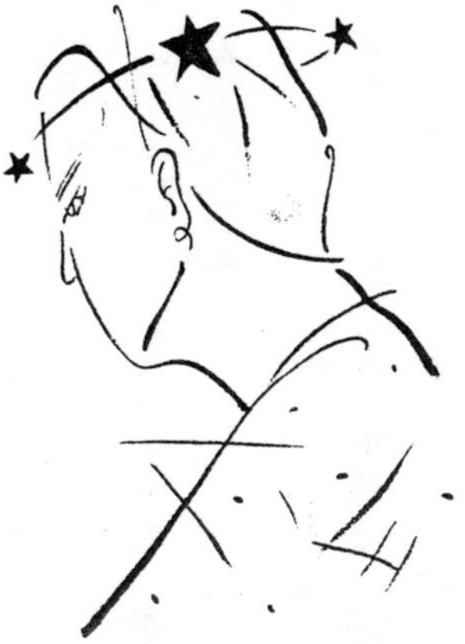

雙魚座

婚姻

★賢妻良母度65%

稍有失敗仍努力扮演好家庭主婦的角色

希望趕快長大、趕快結婚——從孩提時代開始，妳就比他人更加地嚮往婚姻生活。一旦戀愛之後，就當其是結婚的前奏，這即是雙魚座女性的想法。

但是，有時這種想法也會帶來災危。不論對方的條件何等低劣，雙魚座的女性一旦愛上他，就會排除萬難，不懂得煞車地投入對方的懷抱。不過，如果妳決定嫁給一個大壞蛋，那就糟糕了。妳的婚姻不可能得到周邊人的祝福。因此，雙魚座的女性，一定要三思而後行。

婚後的雙魚座女性，多半會安穩地待在家中，專心扮演一位家庭主婦的角色，拚命想要創造一個明朗的家庭。

但是，稍不留神，就會分不清東西南北了，經常出現失敗的傾向。

雙魚座的女性，必須注意經濟面。如果不懂得家計，就無法成功地實施家庭計畫。

能夠幫助妳的是地宮（金牛座、處女座、山羊座）與水宮（巨蟹座、天蠍座、雙魚座）的男性。能夠帶領妳得到一個穩定、踏實的婚姻生活。

工作

★女強人度85%

從事助人的工作是雙魚座的天職

雙魚座本身具有穩定人心的力量，具有協調能力。不論在學校或工作場所，甚少與人爭執。當然，周邊的人都很喜歡妳。

因此，選擇一個能夠發揮妳這種能力的工作場所，才是明智之舉，尤其是能夠助人的工作，例如，醫生、護士、協談顧問等，都是很好的工作。

幫助生病的人，幫助心病之人解開心結，這可以說是你的天職。

由此意義來看，能夠給人心希望與喜悅，亦即與藝術有關的工作，對妳十分合適。

除了上述的工作之外，如果妳具有某種資格的話，也可以從事一些需要專門知識或技術的工作，也許妳會得到很好的待遇。

星座別適職指南

牡羊座——報章雜誌記者、營業員、作家、演員、建築家、技師、中小企業經營者、汽車關係、理容師

金牛座——調理師、烹飪家、香料關係、化妝品關係、設計師、歌手。

雙子座——評論家、學者、外交官、空姐、編輯、律師、翻譯、文筆業、觀光業

巨蟹座——教師、漫畫家、作詞家、生活協談家、設計師。

獅子座——導演、經營演藝事業、劇場經營、飯店關係、律師、寶石商。

處女座——會計師、雜誌編輯、藥劑師、護士、美術家、手工藝家、秘書、圖書館管理員、文學家、銀行員、教師。

天秤座——設計師、美容師、時裝模特兒、演員、舞台美術家。

天蠍座——原子物理學家、天文學家、化學研究家、美術商、寶石鑑定家、偵探、醫師、各種檢查官、服務業、工藝家。

射手座——翻譯、外交官、貿易商、作家、司法官、大學教授、外國文學家、出版關係、騎師、立法委員、宗教家、法官。

山羊座——牧師、教育家、政治家、法律家、演奏家、占卜師、律師、技術員。

水瓶座——作曲家、美術研究家、評論家、劇作家、小說家、攝影家、太空人、電影導演、發明家、設計師。

雙魚座——占卜師、舞蹈教師、作家、護士、導演、服裝設計師。

5 了解妳的他

牡羊座

牡羊座是擁有戰神馬爾斯火星爲守護神的星座。鬥爭精神旺盛，在十二星座中最富於男性的要素。以性格而言，急躁、好勝、積極，不會三思而後行，會依自己的靈感而突然展開行動。

此外，正義感極強，但是對於義理、人情的抵抗力較弱。看似想法合理，但卻是大男人主義，受到古老的觀念所支配，認爲「男人要像個男人，女人要像個女人」。因此，喜歡他人的奉承，如果女性拜

託他做事，一定會全力以赴，可說是目前罕見的好好先生。

牡羊座的男士，由火星那兒承襲了鬥志與能量。會朝自己的目標勇往直前，但也有表現自我本位主義。就好像山寨主一樣，會有衆僂儸集合在他的麾下。善於照顧他人，但欠缺公平感。有時會特別偏袒某些人，爲其缺點，因而容易樹敵。當敵人出現時，會勃然大怒，因爲他害怕敵人環視周圍。

牡羊座的男性是工作狂，能夠在公司展現光芒。只要是自己喜歡的工作，一定要竭盡忠誠。工作能

夠讓他感受到生命的意義。不過，不是自己喜愛的工作。就難以持久進行下去。也無法認同其能力的環境中，也無法展現自己的實力。只顧眼前的他，漫無目的地往前衝，有時前途一片黑暗。

這樣的他，年輕時也不擅長理財，有時也會出現吝嗇的一面。

雖然早期發展順利，但中年之後，可能遭遇挫折。如果忘記回顧過去，展望未來，有可能會遭遇失敗，要注意。

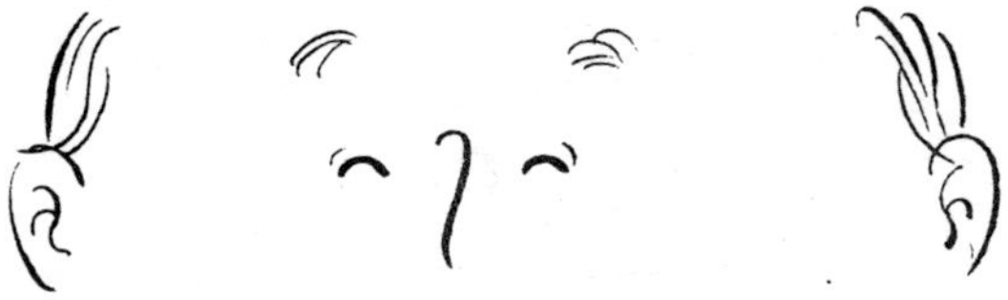

金牛座

一般而言，金牛座的男性誠實、敦厚，不喜歡與人爭執。

永遠都是面露微笑，親切穩重，具有深厚的友善之心，只要是自己的同志，都會親切以待。

有時動作遲緩而且頑固，但是一旦下定決心，會支撐到底，耐力極佳。

雖具耐力，不過如果固執己見時，也可能會強迫他人接受自己的意見，給予人壓迫感。

金牛座的男性，無法率直地表

現情感，所以有時不知道他內心的想法爲何。愼重的他，不願意隨便自我剖析。但是他穩定的心靈，仍是值得信賴的。

金牛座是屬於樂天派的一型，即使陷入苦境，也具有強力的韌性，以這樣的步調走完人生之路，不會在一開始時就突飛猛進，可是，一般說來，十分努力，能夠步步前進，四十歲以後，運勢亨通。物欲極強，但也是原動力，經常會出人頭地。

金牛座的男性講求時髦，肯在服裝與裝飾品上花錢。此外，興趣

多樣化的他，也會收集一些高級品。應該說是本能優於理性的一型。看似浪漫主義者，事實上，經常表現出現實主義的一面。

他並不認爲遵循本能是壞事。因此，就算是令人覺得迷惑之事，他也會若無其事去做。

必須注意的是，豪放型的金牛座，看起來瀟灑、純樸，具有藝術家的風範，但是，這是典型的吃軟飯的男人。

可能有不想工作而讓女人養的企圖，需要小心。

雙子座

雙子座的男性頭腦聰明，具有良好的協調性，能與任何人親近。

十分在意他人的想法，具有旺盛的服務精神。自己心情好的時候，也很喜歡照顧他人，因此，很多人認爲他是「能幹的人物」。

他的魅力在於凡事都求快速。另外，擁有優秀的思考力、判斷力、行動力，對於新的環境或事物，也具有適應力，擁有先見之明。

雙子座的男性受到智慧之星水星的影響，喜歡知性。同時，希望

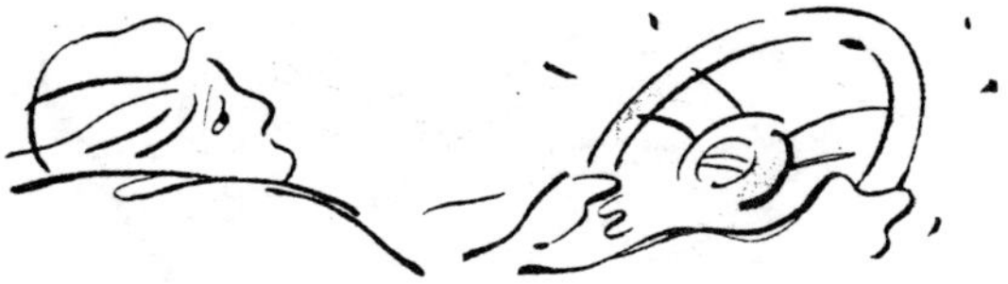

精通任何的流行資訊，知道很多事情。對於流行也頗爲敏感，可說是多才多藝的現代人。

不過，雙子座本質上是具有雙重性格之人，有時會表現不誠實的行爲，但並無犯罪意識，這也是他可怕的一面。擁有將自己行爲加以正當化的說話技巧，所以要小心。

他非常適合於現代社會，也十分的活躍。頭腦靈活，懂得把握機會，因此，能夠較其他同事得到更多的陞遷機會。經常是組織中負責溝通的人，也懂得掌握營業機會。

但是，淺薄廣泛的知識難免也會出

錯。如果擁有較深入的知識，一定能夠出人頭地。

雖然雙子座的男性具有才能，但容易遭遇挫折。

這是因爲他缺乏耐性與耐力。遇到困難，無法正視，而會逃之夭夭，或轉嫁責任。

注意力經常不集中，雖有才幹卻不具能夠燃燒的熱情。有神經質的一面。富於機智、幽默爲其優點，不過心情易變，乃是其缺點。

巨蟹座

巨蟹座的男性具有溫柔、豐富的情感，感受性極強，會爲一些小事而耿耿於懷。一般而言，具有濃厚的人情味，對自己能夠安心交往的親友十分親切。平易近人的態度，即是他受人歡迎的要素。

具有活力的男性較多，爲此星座的特徵。再加上鬥志及體貼之心，頗受女性的喜愛。當然，也有喜歡撒嬌，表現戀母情結的一面，但是，十分的體貼。

巨蟹座的男性，具有想要成爲

明星的意識。老實說，有時表現不好，看起來較爲做作，但是，注意打扮，希望將衆人的目光集中在自己的身上。經常將劇中男主角當成是自己的勁敵。

他具有敏銳的直覺力，記憶力也很不錯，相當博學，但是根底較淺，缺乏耐性。同時，具有一種「自己的行動一切皆出自於正義」的可怕信念！擁有本位主義的想法，十分頑固。這種信念，有時會壓倒衆人，讓人感到迷惑。

以象徵生產性的月亮爲守護星的巨蟹座，是一位努力家，但缺乏

男人氣魄，只喜歡小市民的人生，是典型的家庭型男人。爲了自己所愛的家人，會努力奮鬥，溫暖的家庭，是他沙漠中的綠洲，是能量的泉源。擁有平凡而穩定的人生。

巨蟹座的性格中，具有模仿性，可於工作上發揮這方面的才能。其才能大約在三十五歲左右才嶄露頭角。待人和藹可親，能夠成爲他出人頭地的關鍵，但容易爲色、欲所蒙蔽，使前途變得暗淡無光。

獅子座

活潑開朗、喜歡爲人讚美的獅子座男性，如果不能以自己爲主的話，就會悶悶不樂。當自己被忽略時，會變得彆扭、集躁、易怒，但脾氣來得快，去得也快。不拘泥於小節，個性爽快。

但是，內心卻具有頑強的信念。獅子座的男性，大致上已經具備了男性的要素。不論是指導力、決斷力、社交性、野心等，都凌駕於他人之上。

等待勝利與光榮，是獅子座的

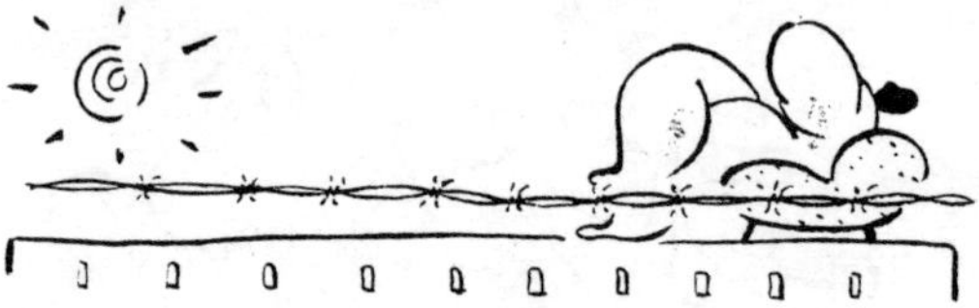

口號。但是，不像牡羊座那般會採突擊攻勢，爲了勝利會好好地做準備。

不服輸，經常表現威風凜凜的姿態。

一般而言，獅子座的男性追求時髦，喜歡高級品與名牌，自己的打扮是屬正統派的。不過，一旦獲得成功之後，反而會驅壓抑這種豪華興趣而變得樸實。這就是他的護身術。

不喜歡被他人命令，是具有驅使他人才能的星座，不適合從事穩紮穩打的工作。隨時都希望自己成爲衆人注目的焦點。他的目標即是得到成功，絕對不會躲在陰暗的一角。運勢方面，二十幾、三十幾、四十幾爲開花期，如果能於這些歲月中乘風波浪，最後可能成爲董事長或政治幹部……具有這種出人頭地的運勢。懂得賺錢，也善於揮霍，財富不缺。

獅子座的男性，擁有這些優秀的可能性，但相反的，也有脆弱的一面。

一旦失敗，會採自我防衛的本能，不論面對任何事物，都抱持防衛姿態。如果沒有得到自己的許可，根本一動也不動，這種權威主義的態度極端的濃厚，因此可能會樹敵。

處女座

處女座的男性，不喜歡豪華，喜歡於寧靜的現象中做自己喜愛的事情。非常體貼朋友，對待女性十分親切。但是過於纖細，易導致神經疲憊。

在纖細的同時，也會對事物抱持研究的姿態。這種男性過於在意小節，多半是個性溫馴之人。行動絕對具有意義，能夠著實達成自己的目標。有強烈的探究心，具有優秀的推理力，是屬愼重派，故不易遭遇大失敗。

在企業中，處女座的男性是不可或缺的人才。其實務能力得到認同，能夠踏實前進，一生都是勤奮上班族的人不計其數。沒有霸氣，也不喜歡勉強冒險。

了解自己沒有足夠的魅力，欠缺湧現的熱情，但對工作的熱情，卻是強過於他人，不過羞於表現。絕對不會說「男人就是工作」。

然而，仍有很多人無法了解處女座的這種羞怯。因此，如果處女座的男性待在充滿幹勁的同事之間與喜歡奮鬥的上司之下，就難以展現實力。他不適合擔任大將，而適

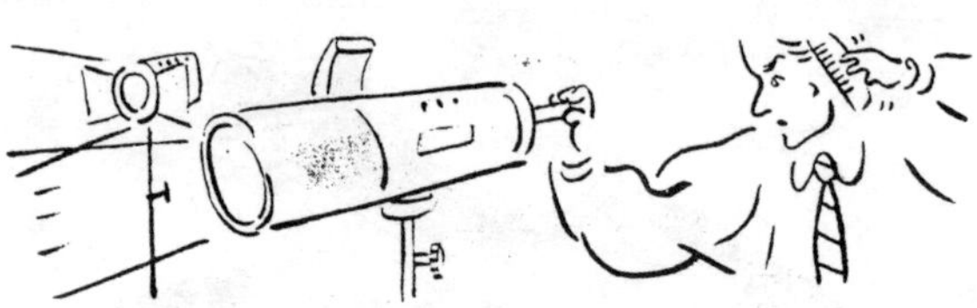

合擔任參謀。處事有分寸，絕對不會採取有勇無謀的行動。

處女座的男性待人誠懇、有禮，看起來無懈可擊。但這卻是他在社會中安然度過的處世術，並非其眞心。雖然面露溫柔的微笑，但是眼神中卻散發冷靜的光芒。

處女座的人不喜歡追求豪奢，但是卻追求美感。因此，在送給他禮物之前，要先了解他的喜好。

天秤座

擁有平衡的性格與姣好的容貌，並具柔軟的社交性，打扮入時，富於美感。雖是男性，但絕對避免與人爭執，爲和平主義者。喜歡優雅快樂的的氣氛，討厭醜陋、雍俗。

但是，過於冷淡，有時會讓人覺得冷酷。優柔寡斷、決斷力遲鈍，爲其缺點。

善於社交，能夠討好於周邊之人。追求知性生活的他，瀰漫著智慧的氣息。不過，天秤座的男性多

半愛慕虛榮，是揮霍無度之人。於緊要關頭，欠缺臨門一腳，經常都畏縮不前，但仍然不會受人憎恨。

平等的性格受人喜愛，尤其懂得奉承上司，年輕時就能夠陞遷高位，具有如天才般的處世才能，能夠輕鬆地出人頭地。

好玩的他，不會拒絕別人的邀約。雖然會比他人早一步出人頭地，但可能途中受阻無法前進，爲他人所超越。

天秤座社會地位確立的可能性，大概是在四十歲之後。早期能夠隨著豪華的上昇氣流爬行。過了四

十歲以後，才開始穩定下來，開拓人生的力量也會慢慢消失。年輕卻欠缺幹勁的天秤座男性一旦接近妳時，可要小心了。

天秤座的男性矯柔做作，這也是他的看家本領。他本身也自覺到這一點，因而令人感到困擾。能得到在社會上發展的可能性，或許原點就在於此吧！對於率直人較多的現代而言，這一型的人頗懂得生存之道。

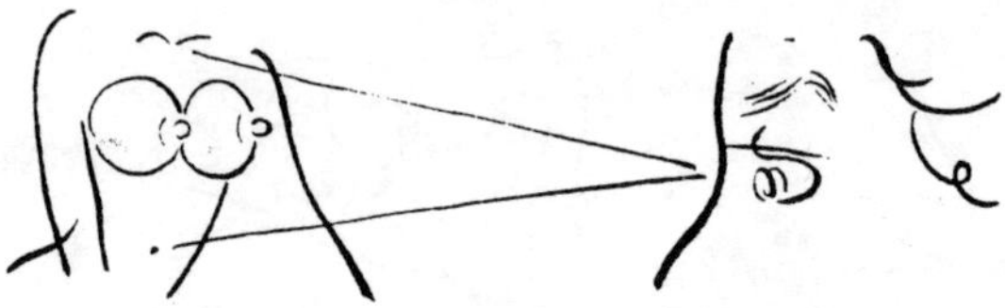

天蠍座

也許有些人覺得自己是脆弱之人，但是在逆境中的強韌力，卻是十二星座中最強的。擁有無冠帝王的驕傲，也是富於強大耐力的努力家。大多是頭腦聰明的人，但是自己往往會在和他人之間豎立一道圍牆，因此朋友不多。

具有優秀的洞察力與推理力。能夠誠實待人，但一旦遭到背叛時會起仇恨之心。多半是以實力在社會上得到名利地位之人。

天蠍座男性的實行力與耐力令

人震驚，富於領導資質，但是，天蠍座卻不善於過社會生活。

拙於自我表現的他，不善於推銷自己，可能會採違背心意的行動。要使別人認同他的好處，可能要假以時日。年輕時無法出人頭地，中年後會嶄露頭角，累積人生的經驗而得到自信，超越同事，得到更高的地位。

天蠍座的男性，是不會讓自己想要捕捉的獵物落荒而逃的。爲了達成目的，會不擇手段，而這正是他殘酷的魅力之一。

他忠實於男性擁有的欲望，只

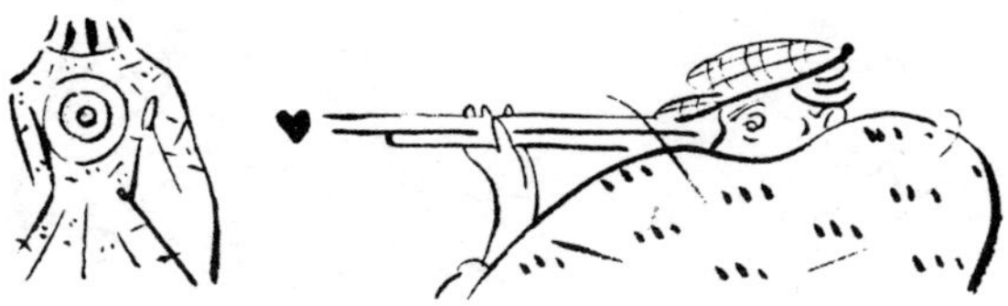

要許可，則會不擇手段來滿足自己的欲望。但是，這個時候的天蠍座是魅力十足的。

他會爲了滿足自己的欲望而努力不懈。天蠍座男性的未來，是一片光明的坦途，但因爲是充滿自信之人，故不會輕易聆聽他人的意見。有時，會流於獨斷獨行。

其判斷基準爲「爲實際利益」，因而難免得罪他人。要避免過於激烈地威脅他人，否則會惹人厭。

射手座

即使是初次見面的人，也會如見故友一般地聊個沒完。個性天眞爛漫，不喜歡被束縛。追求速度感與自由。射手座的男性，具有自由奔放的性格，會若無其事地打破約束，但卻能夠博得他人的好感。

不論任何事情，未經思考就先付諸實行，因此容易遭遇失敗。可能是因爲實在難以定下心來再三思考吧！

射手座的男性，具有良好的社交性，容易與人相處，但也有思索

型的一面，這也算是他的一種魅力吧！

看似無動於衷的射手座，實際上有強烈的好惡之心，也具有相當任性的一面。只要是自己感興趣的事情，會全力以赴。對於不感興趣的事情，根本不屑一顧。

射手座的自我表現欲極強，凡事以自己爲主來考量，故公德心較爲淡薄。發現他人的缺點後會極力批評，但卻毫不在意自己的缺點。忽冷忽熱的他，唯有在對某事燃燒熱情時，才會散發出光芒。

射手座的男性，宜選擇富於自

由與變化的職業。如果能夠正確地選擇工作，能得到成功。但有時過於急躁，必須要未雨綢繆。

其人生價值觀，不重物質而重視精神，因此，在公司這種利益團體中欠缺協調性。最好能夠運用自己的頭腦與行動力，獨力作業。

他不是努力者，乃是値得尊重的理論家。

想成爲偉大的人，一定要多加鍛鍊。

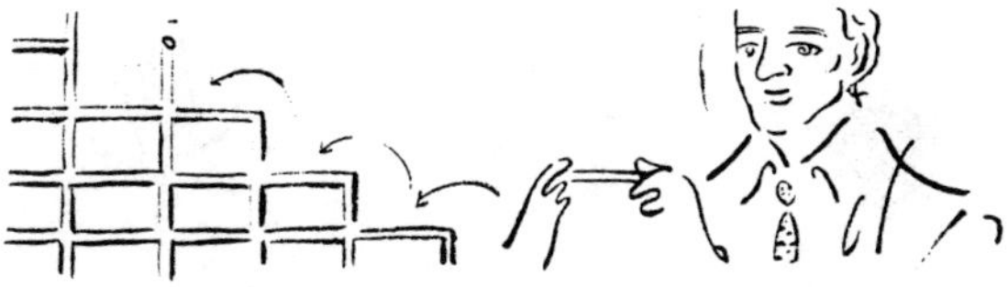

山羊座

步步踏實前進的努力家，雖與他人有對抗意識，但是不會怨恨於心，會以自己的步調努力地前進。認眞、富於超強的忍力，即使處於逆境，也不會知難而退。但卻有視野與心胸狹窄的傾向。

山羊座的男性，很早就會對自己的人生擁有目的意識。雖不具臨機應變的才能，但認眞及強大的耐力，卻是他的資本。

朝著目標著實前進的姿態，確實能夠感動人心。具有馬拉松長跑的耐性，多半爲大器晚成型。

由於擁有這些性格，因此，表面上看來並不氣派，但卻散發出如銀般的鈍亮光芒，頗具魅力。在金錢方面精打細算，但會不惜以高價買具有永久使用性之物。

進入中年之後，懂得打扮，具有高貴紳士的派頭。

不過，山羊座的守護星是撒旦的土星。由於這種影響，因此，可能會做出一些脫離人道的殘酷行爲。經常口出惡言，也是山羊座的特徵，如果他表現出陰險的這一面，則最好對他敬而遠之。

山羊座的男性，視努力工作爲信條。努力工作之後，能夠得到勝利。與生俱來就是辛苦型，對自己與他人都十分的嚴苛。非社交性，又欠缺協調性，因此，年輕時期比較辛苦。有經濟不繼的時候，但原本即是節省之人，會視這些挫折爲理所當然而加以接受，能夠建立快樂的人生。

不倚賴他人，但是對待他人也毫不寬容。不要自以爲是，要開拓心胸，培養良好的社交術，就能夠有大成就。

水瓶座

知性派，頭腦聰明，對事物採合理的想法。友情深厚，但不會流於感情，最討厭粘人的氣氛，也許會讓人覺得冷淡。頑固而以自我爲主，可是他人並不這麼認爲。

公私分明，不喜歡深入干涉他人，也不喜歡受人束縛，具有個人主義的一面，多半爲天才型的人。

水瓶座的男性個性乾脆又不失禮。服裝清爽，能討喜他人。但不希望自己受損，自我保護地度過人生。

水瓶座看似理論性的正義漢，但有時卻只是打著正義的旗幟，內心卻是自私自利。雖然不會表現出暴力的一面，不過，並不是說只要不失禮即可，有時要付出更多的體貼。

熱愛自由，因此大多會成爲反體制派。可是水瓶座男性的人生，會因爲與社會接觸而開花。原本就擁有靈活的頭腦，不會違背他人，故能在社會上獲得成功。

但是，不見得全部水瓶座的男性都能夠出人頭地。具有合理性，防衛本能極強，因而欠缺向外踏出放手一搏的氣魄，多半爲小心謹愼者。

另外，欠缺金錢概念，難以成爲大人物。

同時，喜歡選擇自由業，因此，是與大富翁無緣之人。一旦強烈地表現出討厭被束縛的個性時，無法置身於勞動運動中，即使成爲上班族，也難以置身條件優厚的立場中。

雙魚座

是一位溫柔的男性，具有浪漫的性格。感受性極強，擁有女性化的一面。有強烈的依賴心，是個好好先生，不會拒絕他人的請求。

是以感情來考慮事物的人，情緒易變、缺乏耐心、容易厭倦，爲其缺點。

本質溫柔的雙魚座男性，願意爲他人犧牲奉獻，而且擁有較他人更容易受感動的性格。想要擁有令人感動的戲劇化人生，這種信念是驅使他的原動力。

雙魚座的感動，是建立在與他人的關係中，因此，會經常與人接觸，努力想要扮演好自己的角色。首先，需要能夠與他一起創造感動世界的人物。有時，會擁有令人感到不可思議的興趣，會穿著奇裝異服，加強自己的印象，引人注意。

雙魚座的男性非常努力，但個性的溫馴，有時會讓他被視爲傻瓜。在工作上很順利，但感情衝動，容易濫用私情，需要注意。

要想獲得大成就，必須要有能夠掩飾他的缺點、經常引導他走向

感動之路的商量對象。

依賴心極強，獨立心較淡薄，因此，如果擁有好的伙伴，一定能夠得到成功。

似乎是爲了感動而生的他，其感動也只是瞬間的感覺而已。他會像追逐彩虹一般地奔馳於現實生活中。當然，在社會得到成功的可能性也是很高的。

大展出版社有限公司　圖書目錄

地址：台北市北投區11204
致遠一路二段12巷1號
郵撥：0166955～1
電話：(02) 8236031
8236033
傳真：(02) 8272069

・法律專欄連載・電腦編號 58

台大法學院 法律學系／策劃
法律服務社／編著

①別讓您的權利睡著了①		200元
②別讓您的權利睡著了②		200元

・秘傳占卜系列・電腦編號 14

①手相術	淺野八郎著	150元
②人相術	淺野八郎著	150元
③西洋占星術	淺野八郎著	150元
④中國神奇占卜	淺野八郎著	150元
⑤夢判斷	淺野八郎著	150元
⑥前世、來世占卜	淺野八郎著	150元
⑦法國式血型學	淺野八郎著	150元
⑧靈感、符咒學	淺野八郎著	150元

・趣味心理講座・電腦編號 15

①性格測驗 1	探索男與女	淺野八郎著	140元
②性格測驗 2	透視人心奧秘	淺野八郎著	140元
③性格測驗 3	發現陌生的自己	淺野八郎著	140元
④性格測驗 4	發現你的真面目	淺野八郎著	140元
⑤性格測驗 5	讓你們吃驚	淺野八郎著	140元
⑥性格測驗 6	洞穿心理盲點	淺野八郎著	140元
⑦性格測驗 7	探索對方心理	淺野八郎著	140元
⑧性格測驗 8	由吃認識自己	淺野八郎著	140元
⑨性格測驗 9	戀愛知多少	淺野八郎著	140元
⑩性格測驗10	由裝扮瞭解人心	淺野八郎著	140元
⑪性格測驗11	敲開內心玄機	淺野八郎著	140元
⑫性格測驗12	透視你的未來	淺野八郎著	140元
⑬血型與你的一生		淺野八郎著	140元

⑭趣味推理遊戲	淺野八郎著	140元

•婦 幼 天 地• 電腦編號 16

①八萬人減肥成果	黃靜香譯	150元
②三分鐘減肥體操	楊鴻儒譯	130元
③窈窕淑女美髮秘訣	柯素娥譯	130元
④使妳更迷人	成　玉譯	130元
⑤女性的更年期	官舒妍編譯	130元
⑥胎內育兒法	李玉瓊編譯	120元
⑦早產兒袋鼠式護理	唐岱蘭譯	200元
⑧初次懷孕與生產	婦幼天地編譯組	180元
⑨初次育兒12個月	婦幼天地編譯組	180元
⑩斷乳食與幼兒食	婦幼天地編譯組	180元
⑪培養幼兒能力與性向	婦幼天地編譯組	180元
⑫培養幼兒創造力的玩具與遊戲	婦幼天地編譯組	180元
⑬幼兒的症狀與疾病	婦幼天地編譯組	180元
⑭腿部苗條健美法	婦幼天地編譯組	150元
⑮女性腰痛別忽視	婦幼天地編譯組	150元
⑯舒展身心體操術	李玉瓊編譯	130元
⑰三分鐘臉部體操	趙薇妮著	120元
⑱生動的笑容表情術	趙薇妮著	120元
⑲心曠神怡減肥法	川津祐介著	130元
⑳內衣使妳更美麗	陳玄茹譯	130元
㉑瑜伽美姿美容	黃靜香編著	150元
㉒高雅女性裝扮學	陳珮玲譯	180元
㉓蠶糞肌膚美顏法	坂梨秀子著	160元
㉔認識妳的身體	李玉瓊譯	160元

•青 春 天 地• 電腦編號 17

①A血型與星座	柯素娥編譯	120元
②B血型與星座	柯素娥編譯	120元
③O血型與星座	柯素娥編譯	120元
④AB血型與星座	柯素娥編譯	120元
⑤青春期性教室	呂貴嵐編譯	130元
⑥事半功倍讀書法	王毅希編譯	130元
⑦難解數學破題	宋釗宜編譯	130元
⑧速算解題技巧	宋釗宜編譯	130元
⑨小論文寫作秘訣	林顯茂編譯	120元
⑩視力恢復！超速讀術	江錦雲譯	130元

⑪中學生野外遊戲	熊谷康編著	120元
⑫恐怖極短篇	柯素娥編譯	130元
⑬恐怖夜話	小毛驢編譯	130元
⑭恐怖幽默短篇	小毛驢編譯	120元
⑮黑色幽默短篇	小毛驢編譯	120元
⑯靈異怪談	小毛驢編譯	130元
⑰錯覺遊戲	小毛驢編譯	130元
⑱整人遊戲	小毛驢編譯	120元
⑲有趣的超常識	柯素娥編譯	130元
⑳哦！原來如此	林慶旺編譯	130元
㉑趣味競賽100種	劉名揚編譯	120元
㉒數學謎題入門	宋釗宜編譯	150元
㉓數學謎題解析	宋釗宜編譯	150元
㉔透視男女心理	林慶旺編譯	120元
㉕少女情懷的自白	李桂蘭編譯	120元
㉖由兄弟姊妹看命運	李玉瓊編譯	130元
㉗趣味的科學魔術	林慶旺編譯	150元
㉘趣味的心理實驗室	李燕玲編譯	150元
㉙愛與性心理測驗	小毛驢編譯	130元
㉚刑案推理解謎	小毛驢編譯	130元
㉛偵探常識推理	小毛驢編譯	130元
㉜偵探常識解謎	小毛驢編譯	130元
㉝偵探推理遊戲	小毛驢編譯	130元
㉞趣味的超魔術	廖玉山編著	150元
㉟趣味的珍奇發明	柯素娥編著	150元

•健 康 天 地•電腦編號 18

①壓力的預防與治療	柯素娥編譯	130元
②超科學氣的魔力	柯素娥編譯	130元
③尿療法治病的神奇	中尾良一著	130元
④鐵證如山的尿療法奇蹟	廖玉山譯	120元
⑤一日斷食健康法	葉慈容編譯	120元
⑥胃部強健法	陳炳崑譯	120元
⑦癌症早期檢查法	廖松濤譯	130元
⑧老人痴呆症防止法	柯素娥編譯	130元
⑨松葉汁健康飲料	陳麗芬編譯	130元
⑩揉肚臍健康法	永井秋夫著	150元
⑪過勞死、猝死的預防	卓秀貞編譯	130元
⑫高血壓治療與飲食	藤山順豐著	150元
⑬老人看護指南	柯素娥編譯	150元

⑭美容外科淺談	楊啟宏著	150元
⑮美容外科新境界	楊啟宏著	150元
⑯鹽是天然的醫生	西英司郎著	140元
⑰年輕十歲不是夢	梁瑞麟譯	200元
⑱茶料理治百病	桑野和民著	180元
⑲綠茶治病寶典	桑野和民著	150元
⑳杜仲茶養顏減肥法	西田博著	150元
㉑蜂膠驚人療效	瀨長良三郎著	160元
㉒蜂膠治百病	瀨長良三郎著	元

• 實用女性學講座 • 電腦編號 19

①解讀女性內心世界	島田一男著	150元
②塑造成熟的女性	島田一男著	150元

• 校 園 系 列 • 電腦編號 20

①讀書集中術	多湖輝著	150元
②應考的訣竅	多湖輝著	150元
③輕鬆讀書贏得聯考	多湖輝著	150元
④讀書記憶秘訣	多湖輝著	150元

• 實用心理學講座 • 電腦編號 21

①拆穿欺騙伎倆	多湖輝著	140元
②創造好構想	多湖輝著	140元
③面對面心理術	多湖輝著	140元
④偽裝心理術	多湖輝著	140元
⑤透視人性弱點	多湖輝著	140元
⑥自我表現術	多湖輝著	150元
⑦不可思議的人性心理	多湖輝著	150元
⑧催眠術入門	多湖輝著	150元
⑨責罵部屬的藝術	多湖輝著	150元
⑩精神力	多湖輝著	150元
⑪厚黑說服術	多湖輝著	150元
⑫集中力	多湖輝著	150元

• 超現實心理講座 • 電腦編號 22

①超意識覺醒法	詹蔚芬編譯	130元
②護摩秘法與人生	劉名揚編譯	130元

③秘法！超級仙術入門	陸　明譯	150元
④給地球人的訊息	柯素娥編著	150元
⑤密教的神通力	劉名揚編著	130元
⑥神秘奇妙的世界	平川陽一著	180元

・養 生 保 健・電腦編號 23

①醫療養生氣功	黃孝寬著	250元
②中國氣功圖譜	余功保著	230元
③少林醫療氣功精粹	井玉蘭著	250元
④龍形實用氣功	吳大才等著	220元
⑤魚戲增視強身氣功	宮　嬰著	220元
⑥嚴新氣功	前新培金著	250元
⑦道家玄牝氣功	張　章著	元
⑧仙家秘傳袪病功	李遠國著	元

・心 靈 雅 集・電腦編號 00

①禪言佛語看人生	松濤弘道著	180元
②禪密教的奧秘	葉逯謙譯	120元
③觀音大法力	田口日勝著	120元
④觀音法力的大功德	田口日勝著	120元
⑤達摩禪106智慧	劉華亭編譯	150元
⑥有趣的佛教研究	葉逯謙編譯	120元
⑦夢的開運法	蕭京凌譯	130元
⑧禪學智慧	柯素娥編譯	130元
⑨女性佛教入門	許俐萍譯	110元
⑩佛像小百科	心靈雅集編譯組	130元
⑪佛教小百科趣談	心靈雅集編譯組	120元
⑫佛教小百科漫談	心靈雅集編譯組	150元
⑬佛教知識小百科	心靈雅集編譯組	150元
⑭佛學名言智慧	松濤弘道著	180元
⑮釋迦名言智慧	松濤弘道著	180元
⑯活人禪	平田精耕著	120元
⑰坐禪入門	柯素娥編譯	120元
⑱現代禪悟	柯素娥編譯	130元
⑲道元禪師語錄	心靈雅集編譯組	130元
⑳佛學經典指南	心靈雅集編譯組	130元
㉑何謂「生」　阿含經	心靈雅集編譯組	150元
㉒一切皆空　般若心經	心靈雅集編譯組	150元
㉓超越迷惘　法句經	心靈雅集編譯組	130元

㉔開拓宇宙觀　華嚴經	心靈雅集編譯組	130元
㉕真實之道　法華經	心靈雅集編譯組	130元
㉖自由自在　涅槃經	心靈雅集編譯組	130元
㉗沈默的教示　維摩經	心靈雅集編譯組	150元
㉘開通心眼　佛語佛戒	心靈雅集編譯組	130元
㉙揭秘寶庫　密教經典	心靈雅集編譯組	130元
㉚坐禪與養生	廖松濤譯	110元
㉛釋尊十戒	柯素娥編譯	120元
㉜佛法與神通	劉欣如編著	120元
㉝悟（正法眼藏的世界）	柯素娥編譯	120元
㉞只管打坐	劉欣如編譯	120元
㉟喬答摩・佛陀傳	劉欣如編著	120元
㊱唐玄奘留學記	劉欣如編譯	120元
㊲佛教的人生觀	劉欣如編譯	110元
㊳無門關（上卷）	心靈雅集編譯組	150元
㊴無門關（下卷）	心靈雅集編譯組	150元
㊵業的思想	劉欣如編著	130元
㊶佛法難學嗎	劉欣如著	140元
㊷佛法實用嗎	劉欣如著	140元
㊸佛法殊勝嗎	劉欣如著	140元
㊹因果報應法則	李常傳編	140元
㊺佛教醫學的奧秘	劉欣如編著	150元
㊻紅塵絕唱	海　若著	130元
㊼佛教生活風情	洪丕謨、姜玉珍著	220元
㊽行住坐臥有佛法	劉欣如著	160元
㊾起心動念是佛法	劉欣如著	160元

•經 營 管 理•電腦編號01

◎創新經營管理六十六大計（精）	蔡弘文編	780元
①如何獲取生意情報	蘇燕謀譯	110元
②經濟常識問答	蘇燕謀譯	130元
③股票致富68秘訣	簡文祥譯	100元
④台灣商戰風雲錄	陳中雄著	120元
⑤推銷大王秘錄	原一平著	100元
⑥新創意・賺大錢	王家成譯	90元
⑦工廠管理新手法	琪　輝著	120元
⑧奇蹟推銷術	蘇燕謀譯	100元
⑨經營參謀	柯順隆譯	120元
⑩美國實業24小時	柯順隆譯	80元
⑪撼動人心的推銷法	原一平著	120元

國家圖書館出版品預行編目資料

西洋占星術 / 淺野八郎著；劉雪卿譯，
——初版，——臺北市：大展，民83
面；　公分，——（秘傳占卜系列；3）
譯自：西洋占星術
ISBN　957－557－485－0（平裝）
1.占星術
292.22　　　　　　　　　　　　83011674

本書原名：西洋占星術
著　　者：淺野八郎　© H. Asano 1990
原出版社：ＫＫ ベストヤラーズ
版權仲介：京王文化事業有限公司

【版權所有・翻印必究】

西洋占星術　ISBN　957-557-485-0

原著者／淺野八郎
編譯者／劉雪卿
發行人／蔡森明
出版者／大展出版社有限公司
社　址／台北市北投區（石牌）致遠一路二段12巷1號
電　話／(02) 28236031・28236033
傳　眞／(02) 28272069
郵政劃撥／0166955－1
登記證／局版臺業字第2171號
承印者／高星企業有限公司
裝　訂／日新裝訂所
排版者／千兵企業有限公司
電　話／(02) 28812643
初版1刷／1994年（民83年）12月
2　刷／1998年（民87年）10月

定　價／180元

●本書若有破損缺頁敬請寄回本社更換●

大展好書 好書大展

大展好書 好書大展